아름다운 교회길

이야기가 있어, 사람이 있어

아름다운 교회길

전정희 글 · **곽경근** 사진

홍성사

• 이 책은 관훈클럽 신영연구기금의 도움을 받아 출판되었습니다.
• 본문의 '추천 맛집'은 곽경근 기자가 작성하였습니다.

차례

머리말 8

중부 지역

삼애교회_서울 종로구 14
상처가 풍경 되다

강화중앙교회_인천 강화 28
외세와 박해를 꿋꿋이 견뎌 온 세월, 고스란히 반석이 되다

인아교회_인천 영종도 42
섬 교회 20년 상전벽해

상심리교회_경기 양평 56
남한강 물길 따라 뱃길 따라 말씀 이어진 복음 나루터

둔대케노시스교회_경기 군포 70
수리산 초록은 짙어 가는데 교회 111년 기억은 희미해져

단해교회_충북 영동 84
구름도 쉬고 바람도 자고 가는 고갯길, 영성이 내려앉다

오량교회_충남 부여 98
신앙의 꽃 활짝 핀 근대 백 년의 복음 동산

장흥교회_강원 철원 112
분단 현장 한가운데 아직 아물지 않은 고난의 상처

속초감리교회_강원 속초 128
동해 풍파와 현대사 격동 견뎌 온 '신앙의 등대' 한 세기

남부 지역

일직교회_경북 안동 142
어스름 새벽녘, 몽실 언니도 종소리에 잠 깨었을까

내매교회_경북 영주 158
부활초가 종탑 아래 단아하게 자리했다

행곡교회_경북 울진 172
황금들녘, 왕피천, 소나무 숲과 106년을 한자리에

양동교회_경북 경주 190
행여 보일세라, 양반 마을 한편으로 꼭꼭 숨어 버린 걸까?

가북교회_경남 거창 204
눈 덮인 지리산 자락, 역사의 상처를 보듬고

청암제일교회_경남 하동 216
지리산 자락마다 섬진강 구비마다 '축복 만개'

중부교회_부산 중구 232
영화 〈변호인〉의 인물들 낳은 책방 골목 교회

갈계교회_전북 남원 250
지리산 두메산골 십자가가 5월 밤하늘에 빛나다

함평읍교회_전남 함평 264
자운영 보랏빛이 지천인 곳, 예수 시대 성읍이 이랬을까?

광암교회_전남 나주 280
굽이굽이 영산강이 안고 너른 더뱅이 들녘이 품다

모슬포교회_제주 서귀포 296
그 푸른 남쪽 바다, 하얀 교회당

머리말

멀리 예배당이 보였다

"우리가 거리로 나가 여인들이 있는 곳으로 가까이 다가가려고 하기만 하면 그들은 재빨리 문을 닫거나 휘장 속으로 숨어 버렸고 아이들은 목청껏 소리를 지르며 도망쳤습니다. 우리가 그들의 마음을 얻었는지 알 수 없지만 확실한 것은 그들이 우리 마음을 얻어 우리가 그들에게 축복된 존재가 되려는 마음이 점점 강해졌다는 것입니다."

구한말 한국에서 활동한 메리 스크랜턴(1832-1909) 선교사가 남긴 기록입니다. 이화학당(이화여대 전신) 설립자인 그녀는 버려진 아이들을 데려다 먹이고, 재우고, 입히고, 가르치면서 한국에서의 선교 사역을 시작했습니다. 서울 정동에서의 일입니다.

해방이 되고 한국전쟁을 거쳤습니다. 동화작가 권정생(1937-2007)은 1967년 경북 안동의 시골 교회인 일직교회 종지기가 됩니다. 폐병을 부여안고 날마다 마룻바닥에 엎드려 기도했습니다. 그 패인 자리는 지금도 일직교회에 그대로 남아 있습니다.

《몽실언니》, 《강아지똥》, 《도토리 예배당 종지기 아저씨》 등 수많은 작품이 교회당 문간방에서 쓰였습니다. 교인들은 그를 경수 집사라 불렀습니다. 그는 죽기 전 "나는 하나님과 예수님이 계시지 않았다면 이 세상에서 가장 불쌍한 사람"이라고 말했습니다. 정말 그랬을 겁니다. 그는 베스트셀러 작가였으나 단 돈 5만 원으로 한 달을 살았습니다. 그러고는 수십억 원의 재산과 해마다 발생하는 수억 원의 인세를 남북한의 굶는 어린이를 위해 써달라는 유언을 남기고 하나님 품으로 갔습니다.

교회길은 복음을 전해 준 선교사들에 의해 개척됐고, 우리가 기도로 이어 왔습니다. '아름다운 교회길'은 이렇게 시작됐습니다. 복음을 전하고자 했던 이들이 어떻게 신앙공동체를 꾸렸고, 왜 핍박과 축복을 받았는지 그들이 간 길을 통해 알고 싶었습니다.

교회길을 따라 걸으면 걸을수록 한국 교회는 역사지리·문화지리학적 교회였음을 알게 됐습니다. 경제 및 정치지리학적인 노정은 적어도 1980년대까지는 없었습니다. 한국 사회는 이웃을 위해 헌신하는 교회에 적극 길을 내주며 공간을 갖도록 했다는 것도 알 수 있었습니다.

그러나 오늘날, 화려한 도시 이편 웅장한 교회가 소금의 맛을 잃어가 세상 사람들의 지탄을 받습니다. 다행인 것은 지금도 도시 저편 낮고 초라한 많은 교회가 초대교회 소금 맛으로 우리의 영혼을 살찌우고 있다는 사실입니다.

일직교회를 비롯해 여기 기록한 스무 교회는 천천히 걸으며 예수

구원과 부활의 신앙을 지켜 온 사례입니다. 혹여라도 이 교회들이 등수를 매기듯 대표성을 갖는다고 오해하지 않으셨으면 합니다. 위로는 강원도 철원 장흥교회에서, 아래로는 제주 남단 모슬포교회까지 지역별로 한두 군데를 담았습니다.

영주 내매교회는 백 년 교회가 영주댐 건설로 수몰되어 마음이 아팠습니다. 교회 앞 강의 금빛 모래도 더는 볼 수 없게 됩니다. 경주 양동마을 양동교회는 마을이 유네스코 세계문화유산이 되면서 마을 안에 있는데도 교회를 찾기 어려워졌습니다. 방풍림이 아니라 방교림防敎林으로 드러나지 않게 하려는 문화재 정책 때문입니다. 부여 오량교회는 금강과 너른 들을 배경으로 언덕에 지어진 '고향 교회'로, 우리의 정서를 가장 잘 반영하고 있었습니다. 부산 중부교회는 보수동 책방 골목에 위치하여 예언자적 자세를 잃지 않고 있었습니다. 도시 교회가 지역사회에 무엇을 어떻게 해야 하는지 잘 보여 주었습니다. 양평 상심리교회는 수백 년 동안 취락의 성쇠를 교회가 보여 주고 있다는 점이 흥미로웠습니다.

이 글은 2010년 9월부터 시작된 국민일보 섹션 '이웃' 연재물, 그리고 2013년까지 직접 현장을 돌며 기록한 교회를 포함합니다. 취재를 시작한 지 4년 만에 책으로 나왔습니다.

거창 가북교회는 국민일보 기자였다가 지금은 MBC 기자인 조국현 후배의 글입니다. 또 맛집을 소개하는 글은, 빼어난 사진만큼 에세이 능력도 뛰어난 곽경근 선배의 노고입니다. 맛에 대한 남다른 감각을 지닌 그는 해당 지역 교회 교인이 운영하는 식당을 다각적으로 검증해 매 편마다 소개했습니다.

한 권의 책을 위해 많은 분의 기도와 배려가 있었습니다. 씨줄 날줄이 되어 준 국민일보 구성원 여러분께 감사드립니다. 그리고 시간을 갖고 기다려 준 홍성사 정애주 사장님과 책에 호흡을 불어넣어 준 담당 편집자와 디자이너 등 편집진에게 머리 숙여 감사드립니다.

2014년 3월
서울 명륜동 락어재樂語齋에서
전정희

중부 지역

삼애교회
강화중앙교회
인아교회
상심리교회
둔대케노시스교회
단해교회
오량교회
장흥교회
속초감리교회

삼애교회_서울 종로구
상처가 풍경 되다

《풍경과 상처》, 소설가 김훈의 기행산문집 제목이다. 모든 풍경은 상처의 풍경일 뿐이다. 그렇기에 상처가 꼬들꼬들해질 때까지 삶을 견뎌 내야 한다. 어쩌면 크리스천은, 상처가 더 깊어 치유의 은사를 간절히 바랄지도 모른다. 우리 모두는 치유하는 예수님 손에 이끌려 풍경이 되고자 기도한다.

서울 부암동 삼애교회는 한국 교회 성장기의 혼란 그리고 한국 현대사의 권력욕이 교회당이라는 공간에 '이야기'로 남아 있는 절묘한 곳이다. 1964년 여름 청와대가 보이는 인왕산 줄기에 '하나님·자연·이웃'을 내건 삼애교회가 세워졌다. 1961년 소위 5·16 정변으로 정권을 장악한 박정희 전 대통령이 청와대에 들어온 지 얼마 되지 않아서다. 그 무렵 보릿고개를 넘기 힘들었던 농민은 '무작정 상경'을 하기 시작했다. 1962년 군사정권이 야

창의문에서 바라본 삼애교회 풍경.
멀리 인왕산이 보인다.
우리 모두는 치유하는 예수님 손에 이끌려
풍경이 되고자 기도한다.

심 차게 내놓은 경제개발5개년계획으로 일자리가 많아지면서 이 농이 늘 수밖에 없었다. 이농민은 도시 빈민이 되어 국공유지 산자락 등지에 무허가 판잣집을 짓고 정착했다. 부암동이라고 예외가 아니었다.

부암동은 지금도 '도심 속 오지'로 불리는 곳이다. 그린벨트 지역으로 묶여 빗물막이 하나 설치하는 것까지 제한을 받았다. 그러다 보니 자연 식생이 그대로 살아 둘레길을 즐기는 사람들의 명소가 됐다. 세검정, 안평대군의 산정山亭 무계정사, 흥선대원군의 별장 석파정, 작가 이광수 별장과 현진건 집터 등의 유적이 산수가 아름다운 동네임을 말해 준다.

삼애교회는 18세기에 완성된 강희언의 〈인왕산도〉를 보고도 교회 위치를 짐작할 수 있는 절경 속 교회당이다. 그 무렵의 또 다른 그림인 정선의 〈인왕제색도〉에서도 위치를 짐작할 수 있다. 사실성이 뛰어난 〈인왕산도〉를 놓고 보자면 그림 오른쪽 가장자리에 창의문(자하문)이 있고 그 왼쪽 성곽 위로 십자가 불빛이 자그맣게 빛난다고 생각하면 된다.

이 교회는 차남진 목사와 유앵손 집사 등에 의해 설립됐다. 서울 충현교회에서 신앙생활을 했던 유 집사와 몇몇이 당시 수도여사대(현 세종대) 학생교회 담임을 맡고 있던 차 목사와 뜻을 같이해 '삼애'의 기치를 내건 것이다. 차 목사는 그 무렵 대학생선교

천막교회 시절 차남진 목사와 성도

회CCC 설립자 김준곤 목사와 대학생 선교를 시작, 양 축이 되어 캠퍼스에 성령의 새바람을 불러일으켰다.

차 목사는 호남 보수 신앙의 대표적 인물로, 그가 삼애교회를 세움으로써 호남에 뿌리를 둔 대한예수교장로회 개혁 측의 서울 첫 교회가 섰다는 것이 차 목사의 전기를 쓴 한국상담선교연구원 김남식 박사의 설명이다.

차 목사는 일제강점기에 '주님의 종으로 살자'는 내용으로 친구에게 보낸 편지가 일본 경찰에 발각돼 신사참배 반대자로 엮여 옥살이를 하기도 했다. CCC 간사, 총신대 교수 등을 역임한 그는 승려와 토론하며 예수의 구원 사상을 승복시키는 등의 비범

한 행보로 천재, 기인이라는 평을 듣기도 했다.

한편 유 집사 등 일부 교인이 서울 충현교회 내부 문제를 이유로 새로운 교회 개척에 나선 것도 교회 설립의 배경이 되었음을 부인할 수 없다. 조경삼 전 삼애교회 목사는, 유앵손 집사가 그 누구보다 교회를 열심히 섬겼으며 차 목사님과 함께 수감 간첩 및 살인마 고재봉 등 재소자 선교에도 앞장선 분이라고 전했다. 모 사학재단 이사장의 딸이었던 유 집사는 부암동에 살며 삼애교회 설립은 물론 CCC 현 부암동 본부, 한동대 등에 물질 사역을 많이 했다고 한다.

유 집사는 1966년 대한어머니회가 주관하는 '훌륭한 어머니상'을 받기도 했다. 당시 언론에서는 간첩 교화, 시온고아원 설립, 밀양 신생원 나환자 후원 등의 공헌을 했다고 보도했다. 이때 시상 행사를 계기로 영부인이던 육영수 여사가 덕수궁에 '어머니 헌장탑'을 제막했다. 이 탑은 1987년 사직공원으로 이전됐다.

당시 부암동에는 이렇다 할 교회가 없었다. 삼애교회가 생긴 뒤 가난한 이웃이 문을 두드리기 시작했는데, 산 아래 광화문을 중심으로 한 전통 있는 교회는 이곳 판자촌 사람들이 낯설어했다고 조 목사는 회고했다. 조 목사는 1979년 부임했다.

삼애교회는 개혁주의 신학자 김의환 박사와 문오장(배우 겸 목사), 김영욱(아세아연합신대 총장), 홍정이(전 서울 안디옥교회 목사),

정정숙(전 총신대 교수) 등이 활동하며 성장했다. 설립한 지 채 몇 년이 되지 않아 150여 명이 출석할 정도로 규모가 커졌다. 1980년대 한국 사회를 흔들었던 '김철호 장영자 사건'의 당사자들도 출석했다. 영화배우 양동근은 삼애교회 주일학교 출신이다.

하지만 교회 아래 청와대는 신앙생활의 걸림돌로 작용했다. '제3특별구역'으로 불릴 정도로 규제가 따랐다. 1968년 무장 공비가 청와대를 습격한 '김신조 사건' 때는 교회 성장세가 꺾였다. 교회 건너편 북악산까지 침투한 공비에 놀란 청와대가 교회 주변 무허가 건물을 강제 철거하고 주민을 서울 양천구 신정동과 신월동 등지로 이주시켰다. 그렇게 되자 교인들은 정든 교회를 떠날 수밖에 없었다.

이들이 떠난 자리에 개발의 상징인 청운아파트 11동 557가구가 들어서면서 전도에 활기를 띤 적도 있었다. 하지만 이마저도 2005년 철거되면서 교회는 수양관처럼 한적해졌다. 또 개혁 측 교권 갈등 여파도 한몫했다. 어쨌거나 교회의 내홍은 깊은 상처를 남긴다. 그럼에도 고린도서 말씀처럼 가치 있는 삶이 무엇인지를 고통을 통해 알려 주는 하나님의 방법이기도 하다. 상처가 풍경이 되는 이유다.

에피소드도 적잖다. 청와대가 가깝다 보니 교회 마당에서 교제를 하다가도 '높은 분이 뜨면' 예배당 안으로 들어가 밖을 내

다보지 말아야 했다. 조 목사는 전두환 대통령 시절 대통령이 청와대를 들고 날 때면 주민들은 하던 일을 멈추고 집 안으로 들어가야 했다고 밝혔다. 권위주의 시대였다.

1983년 2월 25일 미그기를 몰고 북한에서 귀순한 '이웅평 사건' 때는 예배당이 곡사포 유탄을 맞기도 했다. 교회 뒤쪽 포대에서 미그기를 향해 쏜 유탄이 지붕에 떨어져 수리를 해야 할 정도로 피해를 보았다.

그럼에도 도심 속 전원교회는 새와 다람쥐, 능금과 살구 등이 지천이어서 디지털카메라를 든 젊은 순례객의 명소로 각광 받고 있다. 〈인왕산도〉나 〈인왕제색도〉에서 느낄 수 있는 수묵의 깊은 운치가 교회와, 교회로 오르는 골목길에 배어 있다. '인왕교회도[仁王敎會圖]'라 할 만큼 풍경이 아름답다.

삼애교회
서울 종로구 창의문로3길 27 02)391-3230
경복궁역 3번 출구로 나와 1020, 7022, 7212번 버스를 타고 부암동주민센터에서 하차하면 언덕배기에 교회가 보인다. 교회까지 차량 진입이 불가능하지만 걷다 보면 시간을 되돌린 듯한 골목 여행도 교회길의 백미다.

| 추천 맛집

정영선 멸치국수집
서울 종로구 백성동길 11-4
02)379-5620

　　서울의 새로운 문화 나들이 코스로 사랑받고 있는 도성 밖 첫 동네 부암동. 비탈진 골목길을 오르내리다 적당히 피곤하다 싶을 때 들러 볼 만한 집이 있다. 주택을 개조한 가게 현관문을 열고 들어서면 솜씨 좋은 여주인이 직접 그린 그림과 깔끔한 인테리어에 분위기 좋은 카페인가 싶다. 창밖 풍경이 한눈에 들어오는 창가에 자리하면 삼애교회가 바로 눈앞에 들어온다.

　　'맛'이 제일 중요하지만, 그에 못지않게 '멋'도 중요하다는 게 주인장 정영선 씨의 지론이다. '보기 좋은 음식이 맛도 좋다'며 도자기 그릇을 고집하는 그녀는 음식 만드는 것을 좋아해 4년 전 이곳에 터를 잡고 뒷마당에 가마솥을 걸었다. 손맛 좋기로 소문난 정씨의 이모도 힘을 보탰다. 두 사람은 밤늦도록 맛있고 정갈한 음식을 만들기 위해 주방에서 머리를 마주한다. 무엇보다 몸에 이로운 음식이 되도록 인공조미료는 절대 쓰지 않기로 원칙을 세웠다. 식재료 역시 모두 국내산으로만 사용하고, 정성과 청결을 최우선으로 조리한다.

멸치국수 맛은 육수에 달려 있다. 멸치만 넣고 오래 끓이면 텁텁하기 마련인데, 통영에서 공급받는 청정 멸치에다 디포리, 북어, 생강 등을 함께 넣고 충분히 우려내 깔끔하고 깊은 맛이 난다. 국수는 면 공장에서 따로 주문해 사용하는데, 끓이면서 천일염을 넣고 한겨울에도 찬물에 씻어 내 탄력 있고 쫄깃하다. 육수 고유한 맛을 느낄 수 있도록 고명도 많이 얹지 않고 테이블에 다대기(다진 양념)도 따로 두지 않는다. 비빔국수도 있다. 키위, 사과, 레몬 등 다양한 과일을 갈아 만든 소스에 고추장, 태양초 고춧가루, 매실, 김치, 동치미 무 등을 섞어 매콤 달콤 상큼하다. 신선한 재료를 매일매일 준비해 쓰기 때문에 이 집에는 특별히 큰 냉장고가 필요 없다고 한다.

국수류 외에 정 사장이 자신 있게 내놓는 메뉴는 자신의 이름을 걸고 개발한 '정영선 돈가스'다. 일등급 생등심을 먹기 좋게 다져 튀겨 내는데 레몬 향 상큼한 간장 소스가 인상적이다. 부드럽고 촉촉해 어른들 입맛에도 잘 맞는다. 그 밖에 직접 반죽한 손수제비도 일미다. 도토리묵무침과 녹두전도 보기 좋고 먹기 좋다.

아름다운 교회길

* 윤동주 시인 언덕길

아름다운 교회길

보릿고개를 넘기 힘들었던 농민들이
무작정 상경하기 시작하던 그 시절
청와대가 보이는 인왕산 줄기에
'하나님·자연·이웃'을 내건 교회가 세워졌다.
산자락 판자촌
가난한 이웃들이 문을 두드렸다.

강화중앙교회_인천 강화
외세와 박해를 꿋꿋이 견뎌 온 세월, 고스란히 반석이 되다

강화중앙교회 건축사는 근대 백 년의 한국 교회사라고 해도 과언이 아니다. 우리 역사에서 강화도는 한국사의 축약이라고 할 만큼 격동 가운데 있었다. '가까운 백 년'을 지켜본 이 교회 역시 소용돌이칠 수밖에 없었다.

누에의 머리를 닮은 잠두蠶頭 언덕배기에 위치한 교회는 옛 성읍을 한눈에 내려다볼 수 있는 조망이 일품이다. 외세에 패퇴한 고려·조선의 왕조가 김포와 강화 사이에 흐르는 바다를 해자垓字 삼아 왕권을 지키려 안간힘을 기울인 왕도의 땅이다.

온갖 수모를 겪으며 북쪽 오랑캐를 막아 냈으나 병인·신미양요, 운양호 사건 등으로 이어지는 강화도 앞바다의 서세西勢 앞에선 속수무책이었다. 임진왜란 때 쓰던 대포로 프랑스, 미국, 일본의 선진 철갑선을 막아 내려 했던 쇄국의 나라가 조선이었다.

초가지붕 교회가 르네상스 양식의 벽돌 건물로 높이 서도
교회 종탑에는 팔작지붕이 자리했다.
근대 백 년의 역사를 함께해 온 교회는
이제 철근콘크리트 건물로
우직하게 서서 다음 백 년을 맞는다.

우리 수비군의 대포는 사정거리가 짧았다. 그러나 철갑선 대포는 강화 읍성까지 쑥대밭을 만들었다.

힘없는 조선은 강제 개항됐다. 강화는 개항지 제물포의 영향권이었다. 복음은 이 무렵 선교사를 통해 해안 지역을 중심으로 전해졌다. 1800년대 말 조지 허버 존스George Herber Jones 선교사가 강화 입성을 시도하였으나 강화 유수의 거부로 저지당한 후 전략을 바꿔 강화 북부(현 양사면 교산리)를 선교 대상으로 삼아 아랫녘으로 넓혀 나갔다.

"강화의 첫 교인이 이승환이라는 분입니다. 제물포에서 술집을 하던 분이었죠. 인천 내리교회에 다녔던 그는 강화 양사에 사는 모친이 위급하다는 얘길 듣고 고향으로 갔고, 돌아가시기 직전 선상에서 존스 선교사에게 세례를 받게 했어요. 서양 귀신을 섬기는 이방인 선교사를 마을 양반들이 접근하지 못하게 했기 때문이죠."

강화중앙교회 이은용 장로는 1893년 이 첫 세례교인이 강화의 겨자씨가 됐다고 했다. 이를 계기로 강화 최초의 교산교회에 이어 홍의교회가 세워지고 1900년 성읍인 강화읍에 지금의 강화중앙교회(당시 잠두교회)가 반석으로 자리 잡았다.

인도자 박능일 등은 여섯 칸 반짜리 초가집을 사서 첫 예배를 드렸는데, 이는 천교하川橋下(현 읍내 중심도로 자리에 흐르던 하천으로 중앙시장 입구. 하천 다리 밑 동네를 일컬음) 기도처다.

이 기도처에서 불과 1년여의 짧은 기간에 350여 명이 예수를 영접한다. 성리학 기반의 왕도에 야소교의 이 같은 확장은 도무지 믿기지 않는 축복이었다.

"강화 복음의 원동력은 기독교가 해방의 종교였기 때문입니다. 봉건적이고 폐쇄적인 민중사회에 새바람을 일으킨 거죠. 우리 교회 '김씨 부인'이란 분은 마태복음 18장 15절을 읽고 노비 문서를 불사른 후 자기 종을 자유케 하셨어요. 초기 교인들은 치유 은사를 입어 신약을 개발해 병 고침에 나섰고요. 빚을 탕감해 주는 성서적 사회 개혁과 귀신 들린 여인을 돌보는 은사가 강화 지역에 퍼지니 누가 복음을 믿지 않겠어요."

강화기독교역사연구회를 이끌고 있기도 한 이은용 장로는 〈신학월보新學月報〉에 기술된, 김씨 부인의 행적을 담은 "우리나라에 드문 일"이라는 제목의 노비해방 글을 보여 줬다. 언문을 모르던 김씨 부인은 성경을 보기 위해 글을 깨치고 난 후 "종 두는 것이 또한 큰 죄인 줄 깨닫고" 종 문서를 불살랐다. 그리고 김씨 부인은 "지금 이 순간부터 너를 종이 아닌 내 딸로 여기겠다. 다만 네가 하나님을 영접하고 예배당을 열심히 다녔으면 좋겠다"고 했다. 김씨 부인의 실천에 놀란 다른 그리스도인도 이를 본받아 노비들을 해방했다.

1900년 무렵의 빛바랜 사진 한 장. 교회학교 학생으로 보이는 백여 명의 학생이 규모가 큰 초가집 앞에서 기념 촬영을 했다. 처마 밑 격자창이 눈길을 끈다.

1914년 아치창에 벽돌 건축물은 르네상스 양식의 건물이다. 르네상스 건축의 특징인 탑이 3층 높이로 솟구쳤다. 특이한 점은 탑머리에 팔작지붕을 얹었다는 것이다. 소나무 한 그루가 사진 왼쪽에 잡혔다.

1964년 같은 건물 흑백사진. 소나무가 부쩍 자랐다. 탑 꼭대기 팔작지붕 대신 십자가 첨탑이 자리했다. 주 출입문엔 작은 십자가 달렸고 2층 격자창엔 확성기가 설치됐다.

1975년 벽돌조 형태를 유지한 증축 사진. 첨탑에도 창을 내고 첨탑이 시작되는 네 귀퉁이에 작은 탑 모양을 내어 고딕 건축을 본떴다.

교회는 잠두의숙(현 합일초등학교)을 설립해 교육에 힘썼다. 또 담배와 술을 금지하는 운동을 벌여 예수를 믿으면 누구든지 거듭날 수 있다는 확신을 갖게 했다.

당시 강화 진위대(鎭衛隊) 대장이었던 이동휘 같은 양반도 "기독교야말로 쓰러져 가는 나라와 민족을 구할 수 있다"며 전도를 했다. 훗날 그는 대한민국 임시정부 국무총리를 지냈다. 이동휘 등 강화 지식인의 민족정신은 1907년 정미7조약이 체결되자 의병 봉기로 이어졌다. 성경을 통해 공의를 배웠기에 이를 실천한 것이다.

일제의 침탈이 노골화되면서 강화 진위대는 강제 해산됐다. 이 과정에서 김동수 김영구 형제, 그들의 사촌 김남수 권사 등이 일제에 의해 순교했다. 또 3·1운동 때는 결사대장 유봉진 권사 등이 주도해 강화읍 장터에서 시위를 벌여 백여 명이 체포되고 43명이 재판에 넘겨졌다.

독립운동가 조봉암, 고제몽 등도 이 교회 출신이다. 이들이 일제에 저항한 '예수교도 8인조' 사건도 애국심과 신앙이 결합한 '민족교회'의 책무에서 비롯됐다. 한편 한국전쟁 때는 백학신 목사가 아들과 함께 납북되는 가운데서도 예배는 끊이지 않았다.

현재 강화도는 이 같은 선교 역사에 힘입어 30퍼센트 대의 높은 복음화율을 보인다. 교단은 달리해도 강화군 내 120여 곳의 교회가 복음 안에서 네트워크를 이루고 있다. 특히 이 지역 모교회인 강화중앙교회는 충남 당진읍교회와 함께 군 단위에서 2천 명 이상 모이는 큰 교회로 꼽힌다.

윤치문 원로장로는 "사경회를 하면 부속 섬 목회자와 교인들이 우리 교회 교인 집에서 나무로 불을 때 밥해 먹어 가며 교제하던 때가 엊그제 같아요. 강화는 감리교만 네 개의 지방회로 나눌 만큼 그리스도인이 많았던 축복의 땅입니다"라고 했다.

어느 시인은 벽돌 건물에 반해 그 벽돌 하나를 빼어 베개 삼아 자고 싶다고 노래했다. 또 건축가 고 김수근은 "나는 벽돌이 지니는 따뜻함을 사랑한다. 벽돌은 한 장 한 장 손으로 쌓아야만 하고 이것은 나에게 많은 것을 가르쳐 준다"라고 했다.

아기자기한 초기 벽돌교회의 틀을 유지하고 있는 강화중앙교회. 현대 교회건축의 화려한 맛은 없지만 그들의 신앙만큼이나 우직하며 따스하다.

강화중앙교회
인천 강화군 강화읍 청하동길 36 032)934-9421
강화터미널 바로 앞 버스정류장에서 14, 20번 등의 버스를 타고 세 번째 정류장인 강화슈퍼에서 내리면 언덕에 교회가 보인다. 15분 소요.

| 추천 맛집

서해왕해물찜
인천 강화군 강화읍 신문길 4
032)934-1465

    강화산성 탐방의 시작점인 강화읍 남문 건너편에 강화중앙교회 이호승 집사가 운영하는 해물요리전문점이 자리 잡고 있다. 이 식당의 주 메뉴는 상호 그대로 왕해물찜으로, 해물찜 한 접시만으로 상이 가득 찬다. 강화에서 입소문이 자자한 이 식당은 주인 나름의 비결과 원칙이 있다. 맛의 비결은 신선한 재료를 구입해 자신만의 노하우로 적절하게 배합하고 숙성한 양념에 있다. 청양고추를 비롯해 각종 식재료를 고유의 특성에 맞게 다져 여러 날 냉장과 냉동의 과정을 거치고 나면 재료 특유의 풋내나 비릿한 맛이 없어지고 깊은 맛과 향을 낸다고 한다. 이렇게 숙성시킨 양념을 문어, 낙지, 오징어, 새우, 꽃게, 가리비, 고니, 미더덕 등 열다섯 가지 해산물에 콩나물을 알맞게 더하고 센 불과 약한 불을 조절해 익혀 낸다.

    싱싱한 해물과 매콤하게 간이 밴 콩나물에 얼얼해진 입 안은 간척지 쌀로 유명한 강화 쌀밥 한 숟가락과 얼음이 동동 떠다니는 오이냉국으로 달래면 된다. 찜 요리를 다 먹은 후 남은 양념에 묵은 김치, 참기름, 김가루를 넣어 비벼 낸 볶음밥 또한 별미. 지리해물된장찌개와 어린이를 위한 해물치즈돈가스도 준비되어 있다.

강화중앙교회 안에는 역사자료관과 순교비가 있고 1900년 무렵 심어진 소나무 한 그루가 교회 앞마당에 자리하고 있다. 교회가 신식교육을 위해 설립한 잠두유치원과 합일초등학교가 오랜 역사를 자랑한다. 교회 아랫길에 자리한다. 강화 읍내를 관통하는 48번 국도에서 교회로 향하는 골목 입구는 1900년 첫 예배를 드리던 천교하터다.

교회를 출발해 성읍 동문을 향해 가다 왼쪽으로 돌아서면 특이한 2층 팔작지붕 한옥이 나오는데, 이는 성공회 강화성당 (강화읍 관청리 336)이다. 한옥지붕에 십자가가 인상적이다. 한국 기독교 초창기 교회건축 양식을 보여 주는 대표적 건물로 근대 등록문화재로 지정됐다.

'김동수 권사 3형제 순교터'는 독립운동가 이동휘 등 강화중앙교회 교인이 중심되어 의병을 일으키자 친일파 일진회가 일본군의 앞잡이가 되어 교인 색출에 나서 3형제를 체포했던 장소다. 김동수 권사 등 네 명은 의병을 일으킨 '폭도의 수괴'로 지목돼 서울로 압송되던 중 지금의 더리미 갯벌(신정리)에서 포승줄에 묶인 채 일본도에 희생됐다.

• 성공회 강화성당

• 홍천성당

• 교산교회

온수리성당

언덕배기 교회에서 옛 성읍이
한눈에 내려다보인다.
개항과 함께 복음이 들불처럼 번졌다.
강화 근대 백 년은 선교의 역사다.

인아교회_인천 영종도
섬 교회 20년 상전벽해

"기억을 이해하기 위해 신경세포(뉴런)를 이해하고 뉴런들 간의 연결인 시냅스를 통해 어떻게 다른 종류의 기억이 신경회로 상에서 저장되는가를……."

세계를 향한 문 인천국제공항. 영종도 공항 신도시에 있는 인아교회를 찾아가면서 읽은 에릭 캔들의 저서 《기억을 찾아서》의 한 문장이 머릿속을 맴돌았다. 2000년 노벨생리의학상 수상자 에릭 캔들. 유대인으로 뇌과학의 권위자다.

《기억을 찾아서》는 서울역에서 공항철도를 이용해 영종도를 오가며 들춰 보리라 생각하고 가방에 넣은 책이다. 그러나 서문을 제대로 읽기 전에 열차는 영종도 운서역에 도착해 버렸다. 50분이 채 걸리지 않았다.

해무에 싸인 섬은, 섬이나 세계적 공항 배후 신도시였으며

섬과 섬은 밀물이면 갯벌로 이어졌다.
그러나 갯벌을 오가며 복음을 전할 순 없었다.
목회자들은 배를 타고 들어가 구령에 나섰다.
인아교회 역사도 그렇게 시작됐다.

신도시이나 분명 섬이었다. 고속열차에서 내려 대형마트 방향을 따라 5분 정도 걷자 현대 건축미학의 맵시를 자랑하는 '아펜젤러 기념 인아교회'가 나왔다. 분당이나 일산 신도시에서 익숙하게 보아 온 교회 풍경이다. 중산층의 안락함이 교회를 중심으로 묻어났다.

　2부 예배까지 보는 안락한 일상 속의 교회……. 눈에 보이는 것은 바로 이와 같은 안정된 세포체다. 다만 뉴런 간의 연접 부위 시냅스는 보이지 않았다. 인아교회라는 뉴런을 더듬으면 압축 성장한 한국 개신교사의 시냅스를 확인할 수 있다.

　1990년 6월 서른 살의 노신래 전도사가 신불도라는 인천 앞바다의 한 섬에 도착했다. 영종도에서 서쪽으로 7킬로미터. 70여 호 마을 사람은 대개 농사를 지었다. 연안 가까운 바다에서는 조기, 삼치, 도미 등이 잡혀 더러 어업에도 종사했다. 해안선 길이 5.9킬로미터, 면적 2.86제곱킬로미터의 작은 섬.

　그 무렵 영종도에 국제공항이 생긴다는 소문이 무성했다. 인천 월미도에서 배를 타고 영종도에 내려 다시 버스를 타고 40여 분을 영종-신불 간 이어진 비포장 제방 도로를 따라 달려 섬 교회에 부임했다. 사모는 돌 지난 아들을 안고 있었다. 섬 선교를 위해 떠나는 아들이 자랑스러웠던 아버지 노승국 목사에게 축복기도를 받은 뒤 떠나온 길이었다.

영종제일감리교회 시절의 교회

그리고 그가 섬에 내렸을 때 성전 115제곱미터(약 35평), 사택 42제곱미터(약 13평) 크기의 허름한 교회 건물이 눈에 들어왔다. 영종제일감리교회. 인아교회의 옛 이름이다.

"몇몇 나이 드신 교인만 출석하는 섬마을 교회였습니다. 해 떨어지면 일찍 잠들어 캄캄했고요. 125시시 교회 오토바이로 심방을 다녔지요. 섬 교인들이 '목사 안수 받으면 떠나실 거죠'라고 물을 때마다 마음이 아팠습니다."

그 전도사가 지금의 인아교회 노신래 목사다. 사역하는 동안 섬마을 교회는 신도시의 번듯한 교회가 됐다. 강남이 30여 년 사이에 상전벽해가 됐다면, 이곳은 20여 년 사이에 천지개벽했다.

노 목사는 '열두 돌을 쌓는 의미'라는 제목으로 말씀을 전했다. "하나님이 여러분 인생에 하나도 개입해 주시지 않는다고 원망해서는 안 됩니다. 예수님을 되새기고 하나님의 영광을 재현하는 믿음을 쌓아 나가시길 바랍니다"라고 선포했다.

본당은 신도시 교인에 어울리는 세련된 디자인을 자랑한다. 우리 전통색인 감색과 옥색을 현대적으로 접목해 예배 참석자의 안정을 꾀했다. 외관 역시 노출콘크리트와 적삼목으로 마감해 미감을 높였다. 교회건축의 대가 정시춘이 설계했다.

"제가 설교하다 목이 메어 침묵하는 경우가 있습니다. 예전 주민과 함께했던 시간과 돌아가신 권사님 등 교회 어른들이 생각나서입니다. 주로 한국전쟁 무렵 황해도를 빠져 나와 신불도에 정착한 분들이셨어요. 오직 믿음만으로 살아온 선한 이웃이었습니다."

그렇게 담임 목사가 목메어 하면 대개의 교인은 어리둥절해한다. 아파트 문화에 익숙한 새신자 교인이 열에 아홉이기 때문이다. 나머지가 신불도 출신의 원교인이다. 원교인에게 목사의 침묵은 먼 기억이자 공유다.

그 기억, 국가가 대규모 토목공사를 하면서 섬마을공동체와 신앙공동체는 역逆 창조의 혼돈에 빠져든다. 노 전도사가 부임한 지 두어 해 지나서다. 신불도와 이웃한 영종도, 삼목도, 용유도 네 개 섬 사이의 바다를 매립해 '영종도'라는 하나의 섬을 만들고, 그 큰 섬에 지금의 인천국제공항이 건설됐다.

대역사로 공동체 해체가 불가피했고 그 대가로 주민들에겐 토지보상비 등이 주어졌다. 사람들은 들떴고 가나안 땅을 향하는 이스라엘 백성처럼 누미노스(종교적 황홀경)한 상황에 이르렀다. 한데 뭉텅뭉텅 주어지는 보상비라는 황금은 순수를 훼손하기 시작했다. 주민은 물론 교회도 보상비에 흔들렸다. 아브라함 시대 이집트의 풍요가 주어졌는데도 말이다. 그 사이 포클레인은 조상 대대로 이어 온 집과 기도처로 시작한 예배당을 순식간에 부쉈다.

"정작 보상비라고 받은 돈이 몇천만 원이었습니다. 섬 교회일 때는 큰돈이지만 공동체를 떠나야 하는 입장에선 한탄이 절로 나오는 적은 액수죠. 교회를 지키게 해달라고 하나님께 매달릴 수밖에 없었어요."

30여 명 남짓한 교인도 보상비를 쥐고서 자식에게, 부동산업자에게, 세상 유혹에 시달렸다. 갯벌에서 굴을 따서 나누던 인심은 사라지고 뭐든지 계산하는 잇속이 마음마다 들어앉았다. 1960년대 중반 영종도 운서교회의 기도처로 시작한 영종제일감

대예배 설교 중인 노신래 목사

리교회는 그렇게 무너지는 듯했다. 영적 피폐였다.

"교회가 어디로 가야 할지 가늠할 수 없었습니다. 애초 신불도 교회 땅은 어느 교인의 개인 재산이었기 때문에 보상받을 수 없었습니다. 천막교회에서 시작해야 할 형편이었어요. 교인 일부도 고향을 떠나는 상황이었고요. 그러나 기적을 일으키시는 하나님이었습니다."

어느 날 한 교인 부부가 노 목사를 찾았다. "목사님, 토지보상비 십일조를 바칩니다. 사랑하는 교회의 제단이 이어져야 합니다." 노 목사는 은혜에 놀라 감사 기도조차 나오지 않을 정도였다고 회상했다.

노 목사는 이를 계기로 교인과 함께 어려움을 헤쳐 나갔다. 감리교단과 교단 지방노회에서도 아펜젤러기념사업의 일환으로 교회건축비를 일부 지원했다. 땅은 천지개벽했으나 교회는 천신만고 끝에 지금의 자리에 세워졌다.

그러나 영종도의 압축 성장에 따른 후유증은 원래의 주민과 교인에게 아직도 계속된다. 그대로 살았으면 평온한 삶이었을 그들은 부모가 돈을 쥐고 있는 줄 아는 자식의 성화에 얼굴이 어둡다. 이제는 몇 푼 남지 않은 부모의 주머닛돈을 보는 것이다.

"원주민의 상처를 치유하는 목회를 해왔습니다. 물질이 신앙을 돈독히 할 것 같지만 그렇지 않다는 것을 뼈저리게 느꼈습니다. 물질이 있더라도 나누지 않으면 평화가 없어요. 이 기억을 저장해 오늘의 교인에게 전하고 싶습니다."

운서교회 기도처, 영종제일감리교회, 인아교회로 이어지는 신앙의 신경회로. 이 믿음의 기억이 저장되지 않으면 파편화된 세포체일 뿐이고 그렇게 된다면 그 세포체가 멸하도록 창조하셨다. 신앙의 선대를 기억하라.

인아교회
인천 중구 흰바위로 21 032)746-3721
인천공항행 공항철도 일반열차를 타서 운서역에 하차하면 멀리 롯데마트가 보이고 그 옆으로 교회가 있다. 반드시 공항 직통열차가 아닌 일반열차를 타야 한다.

| 추천 맛집

참치전문점 야바다다
인천 중구 신도시남로 141번길 5-12
032)752-7400

　　운서동 전화국 뒤편에 위치한 참치전문점은 교회에서 걸어서 5분 거리다. 인천국제공항에서 차로 5분 거리에 위치한다. '장사의 기본은 사람을 좋아하는 것'이라는 이용철 대표는 처음 온 손님에게도 오랜 단골 고객처럼 따뜻하고 친근하게 다가서는 재주가 있다. 회 요리는 강남의 유명한 참치횟집에서 솜씨를 익힌 외아들 윤식 씨가, 주방은 전남 영광 출신으로 손맛 좋은 부인 신정숙 권사가 책임지고 있다. 참치전문점의 성공 비결은 질 좋은 참치를 안정적으로 공급받는 것인데 눈썰미 좋은 아들 윤식 씨가 등급별로 가장 뛰어난 참치를 거래처에서 직접 골라 온다. 윤식 씨는 기호에 따라 적당히 또는 완전히 녹은 회에다가 고추냉이(와사비)를 조금 얹은 후 간장을 살짝 찍어 먹어야 참치 고유의 맛을 느낄 수 있다고 귀띔한다. 참치의 느끼함은 김이나 무순, 락교절임, 초생강 등으로 조절하면 된다. 담백한 속살로 시작해 지방이 많은 뱃살 쪽으로 먹는 것이 순서다. 리필되는 회를 부지런히 먹다 보면 안주인이 정성껏 준비한 튀김, 참치구이, 초밥, 북엇국, 김말이 등을 충분히 먹지 못할 정도다. 공항 직원과 동네 가족 단위 손님이 즐겨 찾는다.

아름다운 교회길

아름다운 교회길

국제공항 건설이라는
대역사로 인한
공동체 해체 대가로
보상비가 주어졌다.
마을은 들떴고
갯벌서 굴을 따서 나누던
인심은 사라졌다.
그래도 조그맣던 섬 교회는
자리를 지켜 냈다.
믿음의 기억을 되살리며 십자가는 오늘도 빛난다.

상심리교회_경기 양평
남한강 물길 따라 뱃길 따라
말씀 이어진 복음 나루터

남한강변의 양평군 상심리교회를 주목하면서 머릿속에 떠나지 않는 키워드가 있었다. '이자벨라 비숍'과 '조운선漕運船'. 이질 적이기까지 한 이 키워드는 전근대와 근대를 이어 주는 맥락이다.

고려와 조선은 조운선을 통해 경향 각지에서 세수미稅收米를 걷었다. 남한강변 양평과 원주 내륙 깊숙한 강창江倉에서도 조운선이 경창京倉으로 향했다.

영국의 지리학자 비숍 여사는 1894년부터 4년여 동안 전근대의 한국을 탐험했다. 마포나루에서 송파를 거쳐 양평 남한강 길 등을 통해 내륙을 여행한 것이다. 비숍은 서양 문명을 재빠르게 받아들인 일본을 두고 "기독교의 말씀을 받아들이지 않는 데서 오는 한계가 분명하다"고 지적하기도 했다.

상심리교회는 경기도 양평군 양서면 대심2리에 있는 시골

남한강을 앞에 둔 상심리 교회.
강변으로 전원주택 등이 들어서 부촌이 되었지만
1980년대까지만 해도 한적한 강변 마을이었다.
마을은 변해도 교회는 늘 그대로 거기에 있다.

상심리교회 초기 모습

교회다. 교회 마당에서 힘차게 달려 남한강에 풍덩 뛰어들어 멱을 감을 수 있는 그런 교회다. 1990년대 이전까지 중앙선 국수역에 내려 터벅터벅 오솔길을 걷고 고개를 넘어야 닿을 수 있는 곳이었다. 여름이면 서울 교회학교들이 상심리교회를 통째로 빌려 수련회를 하곤 했다.

 이 상심리교회가 세워진 것은 1905년이다. 이미 기울대로 기운 대한제국의 백성은 무기력과 미신, 술과 담배에 찌들어 있었다. 탐관오리의 세상이었다. 구한말 선교사들은 절망에 빠진 이들에게 복음을 전하고자 오지를 누볐다. 그 전도 여행 루트 중 하나가 한강 뱃길이다. 소달구지 지날 번듯한 길도 없던 시절 양평 상심리(현 대심리)는 나루터가 형성된 교통 요충이었다.

이 남한강 뱃길을 통해 상심리에 성경이 전래됐다. 1903년 박응용 권서勸書(성서공회 소속으로 성경을 팔며 전도하던 사람)가 서울 성서보급소에서 성경을 한 짐 지고 양평 일대를 방문했다. 영국 성서공회 1911년 1월호 전도 보고서는 "박 씨가 상심리에 가서 성서를 전하고…… 농부 배 씨 부부와 그 마을 유지 차 씨 등에게 전해 열매를 맺게 되었다"고 기록하고 있다. 또 1906년 한국에서 일하고 있는 밀러 총무와 담당 선교사가 상심리를 방문했을 때 이미 교회가 세워져 있었고, 20여 명의 교인이 출석해 예배를 드리고 있었다고 한다.

《상심교회 60년사》는 "참판을 지냈던 김희수라는 사람이 서학에 호기심을 느껴 1905년 자신의 처남인 안국동교회 장로 박승봉에게 성경과 전도지를 받아 믿기 시작했다"고 밝히고 있다. 이외에도《양평기독교회 100년사》,《이천지방감리교회사》등에 상심리를 대상으로 전도 활동을 벌였다는 기록에 미루어 상심리교회 설립은, 한동안은 개인 차원에서 전도가 이뤄지다가 1905년 사랑방 예배를 통해 이뤄졌음을 알 수 있다.

106년 전통 상심리교회의 설립 배경을 밝히는 이유는 이 마을 차상진, 배운길, 노윤용, 노성원 등 초기 교인이 권서 등으로부터 입수한 성경을 읽고 자발적으로 예배를 드리고, 모르는 예배

형식에 대해서 서울 연동교회 등을 찾아가 배워 설립한 자생 교회라는 점이다.

고령의 노홍산 은퇴장로는 "낮에 사랑방 안에서 엉덩이를 들고 수군수군하던 사람들이 있었는데 마을 사람들이 무엇을 하는지 몰라 묻곤 했는데 그들 중 한 사람이 '하나님께 예배드리는 것이며 그렇게 해야 천국에 갈 수 있다'고 하는 얘기를 당시 교회 어른들께로부터 들었다"고 상심리교회사를 통해 남겼다.

이렇게 자리를 잡은 상심리교회는 복음 증거에 나서 묘곡교회, 문호교회, 양평읍교회(현 양평장로교회), 고읍교회, 곡수교회, 고송교회 등을 세우며 어머니 교회로서의 역할을 톡톡히 한다.

특히 팔당댐이 건설되기 시작한 1960년대 중반까지 상심리교회는 양평 복음의 전진 나루터였다. 물류가 남한강을 통해 오갔기 때문이다. 김종한 은퇴장로는 "내가 젊었을 때만 해도 강원도에서 벌채한 뗏목이 교회 앞을 지나갔고, 마을은 강 건너 강하면을 잇는 요충이어서 유흥시설이 있을 정도로 흥청댔다"고 했다. 그러나 팔당댐으로 수운이 막히고 도로 발달로 나루터가 기능을 상실하면서 마을은 한적한 강촌으로 변했다. '엄마야 누나야 강변 살자'였다. 김 장로의 아들 김대수 장로의 얘기는 나루 기능을 상실한 1960년대 이후 교회 모습을 기억 속에서 끄집어냈다.

"70년대엔 마을 규모가 예전보다 못했으나 신앙심만은 그

드럼통을 이용한 난방기 주변까지 빽빽이 자리한 교인들

어느 때보다 뜨거웠어요. 마을 주민 90퍼센트 이상이 교회를 다녔습니다. '교회가 곧 마을이요, 마을이 곧 교회다'라고 할 정도였죠. 그 무렵 팔당댐 아래서는 부교를 이용한 선상 술집이 유행이었는데, 상심리 나루터에도 술집이 생겼습니다. 하지만 마을 사람들이 제지했었지요. 신형 냉장고 두 대를 교회가 가게에 구입해 주고 술을 팔지 않도록 요청했고요. 술 안 파는 동네라고 소문이 난 것은 당시 마을 주변에 새마을연수원이 있었는데 이들이 몰래 술, 담배를 사기 위해 동네 가게를 찾게 됐고, 술을 팔지 않는다는 얘기에 놀라 입소문을 낸 것이 '술 없는 마을'로 전국적으로 알려진 계기가 됐죠."

1989년 한종환 목사(당시 전도사)가 부임하면서 상심리교회는 제2의 부흥기를 맞았다. 40명 남짓한 교인이 열 배로 늘었고 선교 영역도 해외로까지 확대되었다. 마을에도 변화의 바람이 불어 전원주택이 들어서기 시작하면서 서른 남짓하던 가구가 150여 가구로 늘었다. 교인도 은퇴한 전원생활자 비율이 높아졌다.

현재 상심리교회 100주년기념 본당은 옛 예배당에서 50미터 정도 떨어져 있다. 기념예배당은 미션스쿨인 서울 경신고 채플 시간에 학생들이 낸 헌금이 밑거름이 됐다. 목회자 사례비도 대기 힘든 1970년대 농촌 교회에 목회자 양식이나 대라고 보낸 채플 헌금을 가지고 교회 명의로 사놓은 논이 지금의 기념예배당 자리가 될 줄은 아무도 몰랐다.

한 목사는 "우리 교회 역사는 축약된 한국 교회사이기도 합니다. 이제 상심리교회가 캄보디아에 학교를 세우고, 강원도 홍천에 복지시설을 세워 나눔의 헌신을 할 수 있게 된 것은 성령의 사역이 아니고서는 불가능한 일입니다"라고 고백했다.

상심리 앞 남한강 뱃길을 통해 조선을 여행했던 비숍은 어쩌면 이러한 성령의 역사를 예견하고 복음을 거부하는 일본과 이를 수용한 조선을 비교했는지도 모른다. 그때 우리는 선교사에게 받은 성경을 읽고, 이를 내륙 깊숙이 전하며 성장하고 꽃피우고 열매를 맺었다.

상심리교회는 이를 잊지 않기 위해 옛 교회당을 보존하고 옛 당회록을 챙겨 후대를 위한 역사관을 준비하고 있다. 상심리교회는 이제 물길을 따라 '복음의 조운선'이 깊숙이, 더 깊숙이 들어가는 나루터가 되고 있다.

상심리교회
경기 양평군 양서면 대심2리 43-2 031)772-7238
중앙선 국수역에 내려 택시를 이용하거나 걸어서 교회까지 가야 한다. 약 2.5킬로미터 거리로 보통 걸음으로 25분 정도 걸린다. 동서울터미널에서 시외버스를 타는 방법도 있다.

| 추천 맛집

안흥 촌두부 밥상
경기 양평군 양서면 경강로 1012
031)774-4034

탁 트인 남한강을 따라 6번 국도를 달리다 보면 양평군 양서면 국수리 양평공업고등학교에 못 미쳐 '안흥 촌두부 밥상'이라는 큼지막한 간판이 한눈에 들어온다. 상심리교회 이명화 집사 부부가 노모를 모시고 알콩달콩 꾸려 가는 콩요리 전문식당이다. 두부는 남편 심홍섭 안수집사가 맡아 만들고, 주방 살림은 이 집사가 꾸린다. 된장, 간장 등 장류는 어머니 정규동 권사가 담당한다. 친환경농업특구인 양평 지역의 흰콩을 강원도 고성의 깊은 바다에서 길어 온 맑은 해수에 담가 불렸다가 맷돌에 직접 갈아 정성껏 만든 두부류는 담백하고 고소하다. 이 때문에 단골손님의 발길이 끊이지 않는다. 양은냄비에 뜨끈하게 담겨 나오는 우윳빛 연두부, 양념장을 살짝 얹은 모두부, 얼큰한 콩비지 등이 입맛을 돋운다. 이들 요리를 양껏 먹고 적당히 남겨 생채, 열무김치, 나물, 고추장 등과 밥에 넣어 썩썩 비벼 한입 가득 넣으면 '역시 손님 많은 집은 이유가 있구나' 싶다. 모든 음식은 표고버섯, 양파, 멸치, 다시마로 만든 천연조미료로 간을 맞춘다. 양지머리를 푹 삶아 우려낸 우거지밥상도 일품이다. 두부김치찌개, 도토리묵밥도 먹음직스럽다. 감자떡도 반드시 먹어 봐야 할 별미다. 녹두로 꽉 차 있어 부드러우면서도 쫄깃하다. 손님들이 따로 주문해 싸가는 대표적 품목이다. 정성이 담긴 음식을 저렴한 값으로 알차게 먹을 수 있는 곳이다.

아름다운 교회길

• 숲 속의 조각공원

아름다운 교회길

구한말 선교사들의 전도 여행길
한강 뱃길을 통해 성경이 전래됐다.
사랑방 예배로 시작해
묘곡교회, 양평읍교회 등을 세우며
어머니 교회가 되었고,
캄보디아에 학교를 짓고
홍천에 복지시설을 건립하며
주민들과 교제와 나눔을 이어 간다.

둔대케노시스교회_경기 군포
수리산 초록은 짙어 가는데
교회 111년 기억은 희미해져

동요를 부르다 눈물바다가 됐다. 일흔 넘은 권사들도 연방 눈물을 찍어 냈다. 동요 '산속의 토끼야'와 '얼룩송아지' 때문이었다. 어버이주일 경기도 군포시 둔대케노시스교회 주일예배 풍경이다.

이날 강인태 목사는 '축복받는 첩경'이란 설교를 시작하면서 동요 두 곡을 부르자고 했다. '산속의 토끼야'의 "겨울이 되어도 걱정이 없단다/ 엄마 아빠가 모아 논/ 맛있는 먹이가 얼마든지 있단다", '얼룩송아지'의 "엄마 소도 얼룩소/ 엄마 닮았네"라는 대목에 이르렀을 때 묘한 슬픔이 목울대로 밀려 나왔다.

강 목사는 강조했다. "우리는 하나님의 형상을 닮은 부모가 먹이고 입혔으며, 부모를 통해 인도를 받았습니다. 창조의 원리와 이치가 가정을 통해 이뤄졌습니다."

둔대케노시스교회 봄 풍경.
한적한 동네 초가지붕 예배당이었다.
세월이 가고, 시절이 변하면서 기와지붕을 얹고
페인트도 칠했다. 나고 지고를 거듭하며
많은 것이 그 자리에 없으나
십자가만은 그대로다.

잠언 1장과 6장 등에 나타난 가정의 소중함을 강조하는 말씀은 뼈가 되고 살이 됐다.

설교가 끝날 즈음, 백여 명의 참석자는 '어머니의 마음', '어머님 은혜', '어머니의 넓은 사랑'을 연이어 불렀다. 그리고 축도가 이어졌음에도 누구도 자리에서 일어나지 못했다. 수리산 자락에 낀 교회 뒤뜰에는 붉은 명자꽃이 5월의 빛을 자랑하고 있었다. 우리는 노래를 부르며 울었고, 우는 할머니들을 보고 또 울었다.

둔대케노시스교회 설립일은 1903년 3월 1일이다. '케노시스'는 '하나님의 자기 비우심'을 뜻하는 말이다. 2007년 '둔대교회'에서 바뀐 명칭이다. 경기도 의왕시에 있던 케노시스교회와 합병했기 때문이다.

신도시 산본이 속한 군포시는 수도권 위성도시의 특성을 그대로 안고 있다. 콘크리트와 간판, 박제처럼 정돈된 거리 풍경. 하지만 둔대교회(약칭)는 어느 먼 시골 교회와 다를 것이 없다. 교회는 수리산과 반월호수를 앞뒤로 한 배산임수 지세에 자리한다. 교회 앞마을은 번잡한 식당촌이 되어 가나 교회만은 옛 예배당과 종탑 등을 어렵사리 보존해 오고 있다.

둔대교회는 오랜 역사에도 불구하고 잘 알려지지 않았다. 2007년 합병 이후 교인 수가 상승 곡선을 그려 지금은 백여 명에 이르나 그전에는 이삼십 명 정도에 지나지 않았다. 산 너머 반월

샘골교회

면이 급격히 팽창해 안산시가 되고, 군포읍이 시가 되었어도 이곳만큼은 산자락 마을공동체 시골 교회였다.

  교회는 심훈의 소설 《상록수》의 무대인 안산시 본오3동 샘골교회의 자매교회쯤 된다. 1930년대 초 농촌계몽운동가 최용신은 샘골교회에 학교를 세운다. 이때 최용신은 둔대교회 설립자 박경춘의 아들 용덕을 설득해 3,477제곱미터(1,052평)의 땅을 기증받았다. 박용덕은 당시 반월 지역 부호였다. 두 교회와의 거리는 직선 4킬로미터 정도. 최용신과 샘골교회는 그 땅에 13칸짜리 건물을 지어 강습소 겸 예배당으로 활용했다. 따라서 《상록수》의 여주인공 채영신의 모델인 근대 여성선각자 최용신 연구에는 둔

1930년대 교회

대교회와 박용덕이 추가되어야 한다.

현재 둔대교회 아래는 1800년대 건축한 '박용덕 고택'이 자리하고 있다. 정확히는 그의 부친 '박경춘 고택'이라고 해야겠으나 이미 굳어진 상태다. 1900년 무렵 수원 반월면(현 안산·군포 일원)의 부호 박경춘은 후대를 위해서라도 신문명을 받아들여야겠다는 생각에 독선생(과외 교사)을 들인다. 박용덕이 일고여덟 살 일 무렵인데 이때 독선생으로 초빙된 이가 '황 선생'이다. 서울 근대식 교육기관인 배재학당 출신이었다. 크리스천이었던 그는 박경춘에게 서양 근대 문명과 개신교를 받아들여야 함을 역설했을 것이고, 이에 예수를 알게 된 박경춘이 1903년 봄 지금의 둔대교회를 토담집 형태로 건립해 봉헌 예배를 드리게 된다. 안산시에 세워진 첫 교회가 샘골교회(1907)라고 알려졌으나 수원 반월면을 기준으로 보자면 둔대교회가 앞선다. 따라서 안산시를 기준으로는 샘골교회, 군포시를 기준으로는 둔대교회인 셈이다.

강인태 목사는 "당시 '황 선생'의 정확한 이름과 활동 상황 등을 알기 위해 배재학당 학적부 및 관련 자료를 뒤졌으나 아직 찾지 못했고 박씨 가문의 구술과 감리교 자료 등에 근거해 '황 선생'인 것만 알았을 뿐"이라고 밝혔다.

지금의 둔대교회 예배당은 1930년대 초반 헌당된 53제곱미터(16평) 초가였다. 이후 슬레이트와 기와 등으로 번갈아 가며 지붕을 얹었고, 외벽도 흙벽에 시멘트 포장을 하는 등 변화가 있었으나 뼈대만은 소나무를 이용한 초가 건축 그대로다. 근대 교회건축사적 가치가 있는 것이다. 부흥되지 않은 것이 되레 1930년대 예배당을 보존하게 했다.

교회 설립에 관해 박경춘의 증손녀 박상애 씨는 이렇게 증언한다.

"증조할아버지가 산에서 나무를 베어다가 토담 교회를 건축했다는 얘기를 돌아가신 어머니(김금준, 둔대교회 집사)에게서 들었다."

지금은 작고한 주일동 명예권사의 2009년 구술도 1930년대 교회당 건축을 뒷받침한다.

"내가 열일곱 살 때 토담으로 되어 있던 기존 예배당을 헐고 새로 지었어. 등에 돌을 지고 날랐지."

김금년(작고) 명예권사의 구술 자료는 1960년대 신앙생활 기록이다.

"제가 서른 살 때부터 한 십여 년 교회 종을 쳤어요. 한데 어느 날 교회 종이 닳아서 높은 데서 떨어졌어요. 팔을 조금 다쳤지요." 김금년 권사는 별명이 '종 당번'이었다고 한다.

이제 초대교회 기억을 간직한 노(老)권사는 80대 최금순 할머니뿐이다. '고개 너머'(반월면 중심마을을 지칭)에서 이곳까지 시집 왔다는 최 할머니는 "우리 오빠가 최용신으로부터 교육을 받았어. 당시 나는 샘골교회를 다니며 믿는 사람과 혼인할 수 있게 해달라고 버티다 스무 살이 되도록 결혼을 못 했어. 그러다가 둔대마을로 시집와 둔대교회를 다녔지"라고 했다.

이렇듯 한국 초대교회 성도들은 삶의 끝자락에 있다. 이 때문에 강인태 목사는 마음이 바쁘다. 교회 역사를 파악하고 정리하는 일, 기독교문화유적을 보존하고 복원하는 일 등이 산적해서다. 시와 시민사회단체 등이 도와주고 있지만 교계가 주인 의식을 가지고 나서지 않는 한 흔적도 없이 사라질 것이라고 한다. 우리 한국 교회는 어쩌면 '어머니의 마지막 눈물'을 외면한 채 뒤도

안 돌아보고 성장만을 계속하다 봉변을 당하고 있는 것인지도 모를 일이다.

둔대교회, 자식 교육을 위해 헌신한 어머니의 눈물 같은 근대 계몽기 교회다.

둔대케노시스교회
경기 군포시 둔대로11번길 15 031)437-0592
수도권 지하철 4호선 대야미역에서 마을버스 6-1번을 타고 둔터마을 정류장에서 하차해 산 쪽으로 조금만 걸어 올라가면 교회다. 20분 소요.

| 추천 맛집

감로수
경기 군포시 호수로 124-9
031)437-5003

　　군포 3경의 하나인 반월저수지의 황금빛 일몰이 찰랑거리는 호숫가에 별장 같은 한정식 전문점 감로수가 자리 잡고 있다. 늘 전원생활을 동경했던 주인 손태진 씨가 남편의 고향인 이곳에 논밭을 메워 그림 같은 집을 지었다. 뜨락의 돌 하나, 풀 한 포기에 정성을 쏟으면서도 틈틈이 서울을 오가며 궁중음식을 배워 십여 년 전 전문식당을 열었다. 호수를 배경으로 사진도 찍고 경치 구경에 흠뻑 빠진 이들이 출출해지면 찾는다.

다양한 계절죽으로 시작하는 코스 요리는 일단 눈을 즐겁게 한다. 요리 재료는 그날그날 남편과 데이트 겸해 인근 농수산물센터에 나가 구입한다. 채소류는 집 마당 한편의 채마밭에서 무농약으로 키워 사용한다. 한정식은 다른 음식에 비해 시간과 정성이 배로 들어간다. 특히 감로수 한정식은 채소로 만든 천연색소를 사용해 적당히 화려하면서도 깊은 맛이 배어 있다. 고추장, 된장 등 장류는 손맛이 야물기로 소문난 시어머니가 직접 담갔다. 모든 음식에는 손 씨가 개발한 다양한 천연조미료를 사용해 자극적이지 않으면서도 감칠맛이 살아 있다. 아홉 가지 천연 소스를 얹어 낸 그린 샐러드, 너비아니 구이, 대하찜, 모듬전, 잡채 등은 내용물이 실하다. 먹고 나면 기운이 솟는 들깨버섯탕도 인기. 군포 나들목을 빠져나와 대야미역 방향으로 2.5킬로미터 지점의 반월호수 초입에 위치한다. 둔대교회에서는 걸어서 10분 거리다.

아름다운 교회길

아름다운 교회길

1903년 봄 토담집에서
첫 예배를 드린
근대 계몽기 어머니 같은 교회.
《상록수》의 무대 안산 샘골교회의
자매교회쯤 되는 교회는
옛 예배당과 종탑을 어렵사리 지키고 있다.

단해교회_충북 영동
구름도 쉬고 바람도 자고 가는 고갯길, 영성이 내려앉다

충북 영동군 추풍령은 소백산맥 허리를 넘는 고개 이름이다. 경부선과 경부고속도로 최고 지점,《신증동국여지승람新增東國輿地勝覽》은 추풍역秋風驛이라고 명했다. 경상도 유림은 추풍령과 문경새재를 넘나들며 정치 이념을 실현했고, 때론 붕당을 형성해 지방 권력이 됐다. 그리고 근대화 시대, 이 고개를 넘어 출향하지 않는 자는 출세할 수 없었다.

그 추풍령 단해교회 예배당. 캐나다산 목재향이 은은한 가운데 강림절 제2주 예배가 올려졌다. 다섯 개의 촛대 중 두 개가 불을 밝히고 있었다. 찬송 '복의 근원 강림하사'로 예배가 열렸고 서른 명 남짓한 교인은 "모든 만남과 나눔 속에서 주님의 음성에 귀를 기울이게 하소서. 좌로나 우로나 치우치지 않고 주님의 길을 따를 수 있게 하소서"라고 한목소리로 기도했다.

꽃이 한창인 봄날의 단해교회는
유럽의 어느 중세 정원을 연상케 한다.
바람도 쉬어 간다는 추풍령에,
도무지 있을 법하지 않은 유럽풍 교회가
누구에게나 팔 벌리고 있다.

 담임 목사는 '막판 뒤집기'라는 제목의 말씀을 통해 새장에 갇힌 새가 야생의 새를 염려하는 비유로 신앙인의 삶을 얘기했다. 새장의 새는 적으로부터 안전하다. 먹이 걱정도 없다. 그러나 제 삶이 아니다. 예수 떠난 삶이 그러하다. 목사는 익숙한 것과의 결별을 통한 거듭남을 강조했다.
 "하나님이 우리에게 묻는 과거란 없습니다."
 말씀에 이은 묵상 기도는 단해교회 예배당 건축 구조가 갖는 특색 때문에 깊이가 더하다. 목재만으로 지은 복층 구조, 그리

고 예배석 정면 제단의 스테인드글라스의 빛. 투과와 굴절이 가져다주는 신비는 기도하는 이들의 영성을 살찌운다.

단해교회를 처음 접하는 이들은 "이런 두메산골에 이렇게 멋진 교회가 있다니" 하고 놀란다. 별장풍 건축물에 너른 정원이 단박에 시선을 끈다. 한적한 군도郡道 옆에 위치한 교회는 소박한 시골 풍경에 낯설게 다가든다. 오지에 웬 멋진 카페인가 싶어 들어섰다가 되돌아가는 이들도 있다.

이 교회 설립자는 단해그룹 엄주섭 회장이다. 단해그룹은

1970년대 초 공압기계 생산을 기반으로 성장한 중견 그룹으로 기계, 기술포털, 무역, 농산물 분야에서 두각을 나타내고 있는 알짜배기 기업이다. 인천, 부산, 서울, 울산, 광주, 중국 상하이 등에 사업장을 두고 있다.

교회 정원엔 '장묘생 장로 기념교회'라는 자그마한 기념석이 있다. 그리고 주련(柱聯)에 '한평생 믿음 생활을 하시며 신앙의 씨앗이 되어 주신 어머니 장 장로를 기리는 추념 예배당'이라고 새겼다.

엄주섭 회장의 모친 장 장로는 경북 울진 태생으로 맏동서에게 전도받아 교회에 다니기 시작했다. 현재 단해교회 명예장로인 엄주섭 회장은 "교회가 드물던 시절이라 십 리를 밤낮 가리지 않고 걸어 다니면서 섬겼다"고 했다.

"어머니는 무엇보다 전도에 열심이셨습니다. 마을에 교인이 늘어나자 집에서 예배를 보았어요. 울진 죽변감리교회는 어머니가 개척하셨지요. 서울 화곡감리교회와 강서감리교회도 개척, 봉헌하셨습니다. 제 어머니는 뼛속 깊숙이 그리스도인이셨습니다."

그런 신앙 환경에서 자란 그 역시 절도와 절제가 몸에 뱄다. 해병대 출신으로 인도네시아 지진해일 참사에 해병신우회를 파견해 지원하기도 했다. 절도와 절제가 덕목인 청지기로서의 면모를 보여 준다.

수구초심首丘初心. 엄주섭 회장은 기업가로 성공했어도 늘 고향을 생각했다. 그리고 1990년대 중반 지인과 함께 우연히 추풍령을 찾았다가 쇠락해 가는 농촌의 현실을 보았다. 그는 모험을 감행했다. 기독실업인으로 추풍령 산골에 공장을 세우고 교회터를 닦았다. 폐경지를 사들여 과수를 재배하고, 농기계가 다닐 수 있도록 다리를 만들고, 전기를 끌어오고, 인력난을 예상하면서도 자동화기기 부품 공장을 세웠다. 심지어 주소지도 옮겨 지역기관에 세금을 냈다. 곧 세 손가락 안에 드는 고액납세자가 되자 지방 국세청장이 놀랄 정도였다.

사업가적 달란트를 유감없이 발휘해 친환경 기업 경영으로 고용을 늘리고 지역개발에 앞장선 것이다. 마침내 2000년 그는 최고급 목재로 지은 교회를 헌당했다.

교회 설립 당시 엄주섭 회장은 최대한 자세를 낮췄다. 추풍령면 소재지에서 단해교회까지 4킬로미터 거리 안에 여섯 개의 교회가 있었기 때문이다. 그는 이들 교회에 피해가 가지 않게 하려고 애썼다. 때문에 전도보다 '단해신학강좌', '한국조직신학자 전국대회', '해외석학 초청강좌' 등을 열어 역할을 달리했다.

이를 위해 게스트하우스를 지었다. 또 예수의 산상수훈 느낌을 주는 야외 신학토론 무대, 이름 하여 단해동산을 가꿨다. 셈이 되지 않는 효율성이나 '하나님이 기뻐하시는 일'이라고 했

다. 이정배(감신대), 김경재(한신대), 김균진(연세대) 등 내로라하는 신학자들이 포럼에 참여해 '추풍령 아카데미하우스'로 만들어갔다.

교회 창립 10주년을 기념해서는 교회 정원에 알루미늄 열두 개를 묶은 십자가도 세웠다. 이 십자가는 낮은 곳에 자리한다. 대개의 십자가가 예배당 첨탑 위에 세워지기 마련이나 정원 한곳에 자리했다. 낮은 자세로 제자들의 발을 씻겼던 성서적 근거 때문이다.

단해교회는 고급스러워 보일 수 있다. 그러나 그 고급함은 지역공동체와 함께하는 고급함이고 최고의 것을 예물로 바치려는 고급함이다. 성서의 알찬 포도밭의 노래와 같다.

1980년대 농촌봉사 활동을 위해 머물 교회 물색차 추풍령에 들른 적이 있다. 그리고 10여 년 전 신학강좌 취재를 위해 단해교회를 방문했다. 추풍령 마을은 예나 지금이나 변한 것이 별로 없다. 오영수의 단편소설 〈추풍령〉에서의 묘사처럼 '완행열차가 쉬어 가는' 자그마한 한역閑驛일 뿐이다. 소설 속 문장은 "육이오동란 때에 피난 가다 자식새끼 애장한 험준한 고갯길 풍경"이라고 그린다.

그러나 깨어 있는 전도자가 고개를 넘다가 세운 추풍령제일교회가 백여 년이 됐고, 그 뒤를 이은 또 다른 전도자가 10년 전 새로운 형태의 단해교회를 헌당해 말씀을 듣고자 쉬어 가는 그런 고갯길을 만들었다.

단해교회
충북 영동군 추풍령면 지봉리 산24번지 043)742-7871
기차로 서울역에서 추풍령역까지 갈 수도 있고, 대구와 대전에서는 시외버스로 추풍령터미널까지 갈 수 있다. 경북 김천과 영동읍에서는 시내버스로 들어갈 수 있다.

| 추천 맛집

선유정 장작구이
경북 김천시 봉산면 봉산로 492
054)433-0150

　예로부터 "소고기는 먹지 말고, 돼지고기는 있으면 먹고, 오리고기는 남이 먹고 있는 것이라도 빼앗아 먹어라"라고 했을 정도로 오리고기는 성인병 예방과 해독력이 탁월해 사람들이 즐겨 먹었다.
　경부고속도로 추풍령 나들목에서 김천 방향 구도로로 5킬로미터쯤 달리다 보면 멋스러운 전통한옥이 눈길을 끈다. 서울에서 20년간 한정식 식당을 운영한 이종녀 씨가 몇 해 전 고향 인근에 오리장작구이 전문식당으로 터를 잡은 곳이다. 주차장에 담처럼 빼곡히 쌓아 놓은 참나무 장작이 인상적이다. 식당 입구에선 활활 타오르는 가마 불길 사이로 기름을 쪽 빼며 노랗게 익어 가는 오리고기가 군침을 돋운다. 이 집은 방목해 키운 4-5개월짜리 어린 오리만을 사용해 육질이 연하고 부드럽다. 국내산 참나무 장작을 쓰는 데다 장작 가마도 다른 집보다 커 구이가 쫄깃쫄깃하다. 초벌구이 한 상태에서 먹기 좋게 잘라 내오는데 다시 한 번 참나무 숯불에 적당히 구워 먹는다. 여기에다가 신선한 부추무침, 깊은 맛의 묵은지, 상큼한 양파초절임, 아삭아삭한 무쌈 등에 골고루 싸 먹는 재미가 쏠쏠하다. 고기를 다 먹은 후 들깨가루에 집된장을 풀어 끓여 낸 오리탕에 밥 한 그릇 비우고 나면 포만감으로 행복해진다. 여주인의 넉넉한 인심과 상냥함, 한옥이 주는 푸근함은 단골손님이 계속 느는 이유다. 굽는 시간이 긴 만큼 예약을 하는 것도 방법이다.

| 따라 걸어 보세요

단해교회 스테인드글라스 제단 앞에서 묵상 후 한가한 시골길을 지나 간이역으로 걸어가는 코스가 으뜸이다. 1990년대 중반까지만 해도 추풍령역에서 단해교회에 이르는 2.7킬로미터 길은 비포장 신작로였다. 흙먼지 폴폴 나던 이 길은 교회와 공장이 들어서면서 포장됐고, 더 깊숙이 뚫렸다. 지금도 교회까지 가는 길은 한가하다. 추풍령면사무소 소재지 장자교회인 추풍령제일교회도 순례하길 권한다. '올레길'을 걷는 듯한 산책을 원하는 이들은 면소재지에서 옛 기상대까지 5킬로미터 남짓한 오솔길이 매력적일 것이다. 인공적이지 않고 번잡스럽지 않은 멋이 있다.

아름다운 교회길

아름다운 교회길

추풍령 두메산골에 들어선
카페 같은 멋진 교회
혹여 인근 교회에 폐 될까
게스트하우스 짓고
토론 위한 동산을 가졌다.
낮은 자세로
하늘 가까운 지붕 아닌
정원에 십자가를 세웠다.

오량교회_충남 부여
신앙의 꽃 활짝 핀 근대 백 년의 복음 동산

충남 부여군 양화면 오량2리 오량교회 동산에 올라서니 멀리 금강이 보인다. 동산 바로 앞엔 들이 펼쳐져 있다. 취락이 형성된 곳의 산은 야트막하다. 표고標高 10미터 내외에 집들이 들어섰고 20미터쯤 되는 동산 언덕엔 한 세기를 훌쩍 넘어선 전통의 교회가 자리했다.

마을과 금강 사이 29번 국도가 들을 가로지르는데, 1894년 동학농민군이 공주 우금치 전투를 치르기 위해 북상하던 역사적인 길이다. 동학군은 이때 관군과 일본 연합군에 크게 패했다. 이후 일제는 조선 땅 지배에 대한 야욕을 노골화한다.

오량교회를 중심으로 한 취락의 성쇠는 '근대 개신교사'라고 해도 무리가 없을 만큼 인문지리학적 요소를 담고 있다.

군산항이 개항된 것은 1899년이다. 오량교회의 설립 이듬해

교회 앞 들에서 바라본 오량교회.
입포천이 들을 가로질러
금강으로 흐른다.
교회는 백 년 넘게 구원의 성소로
그렇게 자리하고 있다.

입포항에 재현한 황포돛배

다. 일제는 삼남 지방 쌀 수탈을 목적으로 금강 하구 군산항 규모를 키워 갔다. 개항에 앞서 캐나다 침례교, 미국 남장로교 등이 군산을 근거지로 수운을 이용해 내륙 깊숙이 들어가 선교했다. 당시 선교사들은 교회와 2킬로미터쯤 떨어진 입포 포구에 내렸다. 이것이 부여 지방 구령의 시작이었다.

  오량교회 동산에서 입포 마을이 한눈에 보인다. 포구는 그 기능을 상실해 옛 포구의 흔적조차 찾을 수 없다. 그 자리엔 수해 방지 목적의 높은 강둑이 들과 마을을 보호한다.

  "우리 교회 공식적인 설립은 1898년이나 실제로는 1891년일 것으로 추측합니다. 1891년 무렵 우리 교회 영수를 지낸 고내수라는 분이 예수를 영접했다는 구술이 전해지거든요. 1967년 발간한 교회 요람의 연혁보고에 '1898년 3월 10일자로 고내수 영수를 책임자로 앉혔다'라는 기록이 있어 공식적인 설립연도로 잡았습니다."

19세기 말 레놀즈(한국명 이눌서), 드루(유대모), 전킨(전위렴), 불(부위렴) 등이 전라도 지방에 복음을 전하면서 당시 군산권이었던 부여 논산(강경)에까지 영향을 미쳤다. 이들은 범선을 타고 금강을 거슬러 올라가며 서천·부여 지역에 복음의 씨앗을 뿌린 것이다. 전킨과 불은 각기 오량교회 2, 3대 교역자로 이름이 올라 있다. 1대 기록은 찾지 못했다.

입포, 즉 지금의 양화면 소재지가 있는 입포리는 개신교 유입 창구이자 개화의 중심이었다. 상류의 큰 시장 강경까지 13킬로미터, 하류 군산까지 23킬로미터로 금강의 배후 습지가 개간되면서 형성된 마을이다. 애초에는 전북 익산시 웅포면 제성리를 연결하는 나루였으나 1900년 전후로 수산물 시장이 형성돼 활기를 띠면서 근대 도시 기능을 갖추기 시작했다.

그리고 1912-1918년 일제강점기 조선토지조사 사업으로 개간에 의한 토지생산력이 높아지면서 근대식 면사무소, 순사주재소, 우편소 등이 시장市場을 떠받쳤다. 군산까지 연락선이 정기 운항됐을 정도다.

　　교회 앞 샛강인 입포천변에 도정공장, 미곡상, 노동조합, 어업조합, 곡물검사소가 들어섰고 음식점, 양복점, 잡화상, 여인숙, 유흥업소 등이 따라서 번성했다. 전근대적 객주와 근대적 조합이 공존하던 강점기 충남 남부 개항장이었던 셈이다. 입포가 충남의 근대 도시로 잘 알려진 논산의 강경 포구보다 앞섰다고 보면 된다.

　　입포가 번창하던 1905년 무렵 오량교회 교인이 3백 명에 달했다. 이미 장로회공의회 전라대리위원부는 오량교회를 선교 기지 삼아 전도를 강화했고 이에 부응해 현 옥산교회, 청포교회, 지석교회, 성산교회, 마명교회, 오덕교회 등을 분립시켰다. 당시 부여 강경권역은 전라도선교부에서 담당했다.

일제의 신사참배가 노골화된 1937년 이전까지 해리슨(하위렴), '떼씨 부인'이라 불리던 프랑스 선교사도 이 교회를 축으로 순행했다. 그러나 환란도 뒤따랐다. 1918년부터 불기 시작한 충남 지방의 배교 사건으로 오량교회와 관장하는 분립 교회에 분쟁이 생겼고, 일제가 발악을 하던 1943년쯤엔 창씨개명 문제 등으로 오점을 남기기도 한다. 아픈 마디다. 오량교회뿐 아니라 대부분의 한국 교회가 안은 상처이기도 하다.

그럼에도 교회는 지역 모교회로서 구제와 선교의 사명을 놓지 않았다. "전주 농민복음학교에 5,000환을 돕기로 하다", "서천에서 개강하는 성경학교에 수조미 두 말을 지원하다", "온양 109병원과 안양 성노원에 각각 2,000환을 지원하다" 등 1940-1950년대 구제 사업이 당회록 곳곳에 기록으로 남아 있다.

그 전통은 지금도 이어져 최근 서천 아름다운교회 건축비로 1,000만 원을 지출했다. 목사 사택과 교육관을 지으려고 모은 돈인데 선교가 더 급하다고 본 것이다. 소위 '착한 사마리아 주일'로 불리는 구제 행사의 일환이다.

한데 교회 성장의 배경이 되는 입포는 1950년대 말 육상교통의 발달로 기능을 잃는다. 게다가 어업협동조합이 생기면서 영세어민의 대부 역할을 했던 객주들이 강경으로 몰리면서 상권을

오량교회설립백주년기념비

그곳에 내주고 만다. 토사가 포구로 밀려들어 수심이 낮아진 것도 쇠락의 이유다. 그리고 1990년 금강하굿둑 준공으로 내수면어업도 타격을 받아 한촌閑村이 되고 말았다.

    교회는 1962년 지금의 자리에 교회당을 헌당했다. 마을 안쪽에서 동산으로 이전한 것이다. 조선소나무를 배경으로 구릉에 자리 잡은 교회당의 모습이 참으로 아름다워 보는 이들마다 탄성을 터트렸다. 지금은 교회 뒤 땅 소유주가 소나무를 잘라내 옛 모습보다 감흥이 덜하나 여전히 사람들의 눈길을 사로잡는데 손색이 없다. 김의배 장로는 "내가 군대 갈 무렵이었는데 저 아래 신작로 주변 입포천에서 모래를 이곳까지 퍼 날라 교회당을 지었다"고 했다. 김 장로는 딸 셋을 각기 선교사, 전도사, 사모로 키웠다. 나겸일 전 인천 주안장로교회 목사와 오량교회 교회학교를 같이 다녔다.

취락의 쇠퇴에 비해 교회는 여전히 마을공동체의 중심으로 자리 잡고 있다. 양화면 내 열두 개 교회 가운데 유일하게 유년부와 중고등부가 운영된다. 한때 지금의 교육관 자리에 교회 병설 유치원도 운영했었다. 90여 명의 출석 교인 모두가 고도 부여 사람답게 신앙의 뿌리를 자랑한다.

교회 앞 '오량교회설립백주년기념비'. '조선말 선교 탄압과 일제의 잔악한 신앙의 박해와 전쟁의 아픈 상흔과 혼란 속에서도 믿음을 지키어 그 열기 온 장안에 퍼져 주변 수많은 곳에 교회를 세우니 복음의 성지여라'라고 음각되어 있다.

오량교회
충남 부여군 양화면 충절로 397번길 33-16 041)833-3629
부여터미널에서 양화면소재지(입포)까지 시내버스가 한 시간에 한두 대씩 있다. 내리면 멀리 교회가 보인다.

| 추천 맛집

신흥옥
충남 부여군 양화면 입포로 66-2
041)833-3015

"회를 정말 맛있게 무치셨네요!"

"뭘유! 몹시 시장하셨던가 보네유!"

주인 할머니는 무심한 척 대답하지만 그리 싫지는 않은 표정이다. 충남 부여군 양화면소재지에서 금강 제방으로 올라가는 길목에 웅어회 별미 식당이 자리하고 있다. 충청도와 전라도에서 '우어' 혹은 '우여'로 불리는 생선은 표준어로 '웅어'다. 청어목 멸치과로 길이 30센티미터 안팎의 은빛 물고기. 연어처럼 산란을 위해 바다에서 강으로 거슬러 올라오는데 4-5월 사이에 잡는 웅어를 최고로 친다. 기름기가 많으면서도 담백하고 아작아작 씹히는 식감과 더불어 고소한 뒷맛 또한 일품이다. 나머지 계절에는 냉동해 두었다가 상에 올린다. 백제 의자왕이 보양식으로 즐겨 먹었고, 조선 말기에는 '위어소葦漁所'를 두어 왕가에 진상했다는 기록이 있을 정도다.

주인 김영옥 할머니는 스물다섯에 시집왔다. 30년 넘게 웅어회 식당을 운영해 온 시어머니와 함께 회를 썰기 시작했으니 대략 따져도 80년 전통의 식당이다. 웅어는 뼈째 송송 썰어 초장에 찍어 회로도 먹지만, 보통 향긋한 미나리에 오이, 당근, 양파 등 각종 채소를 넣고 새콤달콤하게 무쳐 먹는다. 회무침은 날김에 싸 먹기도 하고, 적당히 먹다가 양념을 밥에 비벼서 집된장으로 끓인 구수한 된장찌개와 함께 먹는 맛 또한 잊을 수 없다.

    금강 하구가 큰 둑으로 막히기 전, 이 넓은 식당은 늘 뱃사람들로 북적북적했다. 그 시절에는 웅어뿐 아니라 황복, 장어, 참게 그리고 각종 어패류까지 온갖 수산물이 풍부해 메뉴도 다양했다. 이제는 뱃길이 끊기고 고깃길도 막히면서 단골손님 외에는 찾는 발길이 줄었다.

아름다운 교회길

마을 강 사이 국도는
동학농민군이 걷던 역사 길.
일제 수탈의 시작이던
군산항 개항과 함께 시작된 교회.
교회는 지역 모교회로서
구제와 선교 사명을 놓지 않았다.
1962년 헌당한
언덕 위 예쁜 교회가
사람들 눈길을 사로잡는다.

장흥교회_강원 철원
분단 현장 한가운데 아직 아물지 않은 고난의 상처

승자의 역사다. 승자 독식의 오늘이다. 신라를 멸도滅都라고 부르며 증오를 감추지 않았던 궁예의 땅 철원. 신라 왕실에서 비참하게 축출당했던 궁예는 9세기 말 철원을 도읍 삼아 한반도 중부 지역을 장악하고 후고구려를 세웠다. 그러나 그는 부하 왕건에게 제거됐다. 패자였으므로 악덕이 부각될 뿐이다. 후세 사가들은 궁예가 몰락한 가장 큰 원인으로 지역 기반이 없었음을 꼽는다. 신라 말 군웅할거群雄割據였던 시대, 그는 견훤이나 왕건처럼 토착 장상 출신이 아니었다.

21세기 철원. 고려-마진-태봉으로 바뀐 국호의 마지막 옛 태봉국 도성지를 품고 있는 땅이 철원이다. 도성지를 관통하는 3번 국도를 따라 조금만 남하하면 왼쪽으로 철원제일감리교회터가 나온다. 마치 '황성옛터' 같은 쓸쓸함을 자아내는 화강암 석축

예배를 마친 교인들이
한자리에 모였다.
철원 지역 특성을 살려
제주도에서나 볼 수 있는 현무암으로
교회를 건축했다.

이 남아 있는 교회다. 그 옆에 역시 무너진 '노동당사'와 함께 현대사의 비운을 상징적으로 보여 준다. 두 곳 모두 6·25 때 폭격 맞아 이제는 등록문화재로 남은 곳이다. 더구나 도성지는 남방한계선 이북에 있어 가볼 수도 없다.

1905년 설립된 철원제일교회는 1945년 8월 15일까지 식민지 조선의 개화와 독립의 염원을 실천하는 신앙공동체였다. 읍내를 굽어보며 언덕배기에 위치한 이곳은 5백여 명의 성도가 메시아를 기다리는 이스라엘 백성이 되어 기도를 끊이지 않고 이어 갔다.

1920년 11킬로미터쯤 떨어진 곳에 지교회 장흥교회가 제단을 쌓았다. 고봉기 성도 등이 동네 사람들에게 '서양 귀신'이라고 뺨맞아 가며 교회를 세웠다. 한데 '너희 대적 마귀가 우는 사자같이 두루 다니며 삼킬 자를 찾는다'고 했던가. 삼팔선이 그어지고 철원은 고스란히 이북 땅이 된다. 교회와 고향 땅을 지키는 자, 월남하는 자 모두 성서의 남북왕국 시대 백성처럼 바람 앞에 등불 신세였다.

장흥교회 이한성 원로장로는 이렇게 증언했다.

"당시 인민군의 횡포는 이루 말로 할 수 없었습니다. 하루는 예배를 드리고 있는데 인민군이 들이닥치더니 이풍령 집사님을 끌어내 다짜고짜 구타했어요. 명령을 듣지 않았다는 이유였죠.

철원 노동당사

별 큰일도 아니었는데 교인들에게 본보기를 보이려고 그랬어요. 그렇게 인민군 치하에서 신앙생활을 했어요."

그리고 6·25 전쟁으로 북한 땅이던 이곳이 수복됐다. 이곳 그리스도인에게 한 줄기 구원이었다. 밀고 밀리며 남북 간 살육이 이어졌고 그런 가운데서도 교인들은 교회를 지키려고 애썼다.

"해방 후 기독교인이라는 이유로 받은 박해는 이루 말할 수 없다. 몇몇은 어디론가 끌려가 생사 확인도 할 수 없었다. 전쟁이 터지고 우리는 결사대를 조직해 공산당과 싸웠다. 그리고 전쟁으로 마을이 수복되고 대한청년단원 소속 청년들이 공산당원 30여 명을 붙잡아 마을 회의를 통해 한 명을 사살하고 나머진 다음 날

철원제일교회터

죽이기로 했다. 피가 피를 부르는 때였다."

작고한 여상주 권사의 구술 기록 자료다.

1947년부터 1951년까지 재임한 서기훈 목사는 이 당시 청년들을 질책했다.

"나는 교회를 떠나야겠다. 예수의 복음을 가르치려 하는데 너희는 내 말을 듣지 않고 살인마의 길을 걸으려고 한다. 무슨 염치로 남겠는가."

목회자이자 철원 지역의 원로였던 서 목사의 설득으로 포로들은 살아 돌아갔다. 이듬해 1·4후퇴로 다시 북한군이 장악하면서 이제는 역으로 마을 주민이 몰살 위기에 처했다. 그러나 그때

서 목사의 호소로 살아 돌아간 이들이 백방으로 나선 끝에 마을 사람들은 화를 면했다. 하지만 인민군은 '퇴각 인민군 살해' 책임을 물어 서 목사를 1951년 1월 8일 처형했다.

전쟁으로 이 지역의 모든 교회는 무너졌다. 휴전협정 조인 이후 철원 전체가 출입통제 지역이 됐다. 그렇지만 유일하게 장흥리만은 출입이 가능해 철원의 성도는 장흥교회를 중심으로 신앙생활을 했다. 2009년 작고한 장하진 장로의 구술 기록이다.

"오직 하나님 말씀만이 고통에서 헤어 나올 수 있는 길이라고 생각했다. 때문에 어떤 경우가 됐건 예배만은 올려야 한다고 믿었다. 하지만 전쟁 통에 예배당이 온전할 리 없었다. 당시 정부에서 140개 천막을 철원 지역에 배정했는데 나는 무작정 미군을 찾아가 통사정해서 군데군데 찢어진 천막 한 개를 얻었다. 천막교회 예배는 그렇게 시작됐다. 그 좁은 천막교회에 백여 명이 몰려와 예배를 드렸다. 맨땅 위에 가마니를 깔고 앉아 눈물의 기도를 했다."

그리고 60여 년이 흘렀다. 현재 장흥교회당은 백여 명 정도 들어서면 꽉 찰 소박한 교회당이다. 정면은 르네상스 양식을 본 딴 적벽돌 건축, 측면은 바로크식 현무암 석조 건축이다.

1955년 교인들이 마을 앞 개울가에서 곰보돌을 날라 새 성전을 건축했다. 곰보돌은 화산 지역인 철원의 지질 특성으로 생긴 돌이다. 제주도에서나 볼 수 있는 현무암인데, 이 지역 사람들은 곰보돌이라 부른다. 장흥교회 예배당은 제주도를 제외한 육지에선 좀처럼 보기 힘든 현무암 건축자재를 쓴 셈이다. 이 건축물은 1983년 리모델링으로 많은 부분이 감춰졌다.

교회당을 마주하고 왼쪽을 보면 서기훈 목사 순교 기념비가 교회 마당과 장흥리 너른 들녘을 바라보고 있다. 소박한 이 기념비는 1965년 제막된 것으로 오늘날 한국 교회에 시사하는 바가 적잖다.

허리춤 정도의 순교 기념비를 세우기에 앞서 교회 구성원들은 치열한 논쟁을 벌였다. 비석 건립이 우상숭배 요소가 아니냐는 자기 검증을 철저히 한 것이다. 그리고 나온 것이 이 단출한 기념비다. 추모의 뜻을 기리기에 과함도 모자람도 없다. 교회가 어떤 상징물을 세울 때 서 목사 추모 기념비 건립 사례를 곱씹어 볼 만하다.

장흥교회 뒷산은 장방산으로 불리는 동산이다. 1984년 이 동산에 '신한반공추모비'가 세워졌다. 신한반공청년회 유족회와 장흥교회는 이듬해 광복절 추모예배를 드렸다. 해방 직후와 6·25 당시 장흥교회를 비롯한 감리교회 청년들이 자유민주주의에 대한 탄압에 맞서 싸우다 순교한 것을 기리기 위한 기념비다.

또 하나 우리나라 최초의 영성훈련원, 즉 기도원인 대한수

도원도 이 교회에서 시작됐다. 장흥교회 12대 교역자인 박경룡 목사가 교인과 함께 한탄강 순담계곡 옆에 기도실을 짓고 창립예배를 드림으로써 우리나라 첫 기도원이 되었다. 구 철원제일교회, 장흥교회, 대한수도원은 해방과 분단의 공간에서 고난을 헤쳐 온 승리의 성소인 것이다. 아울러 지금의 철원제일교회, 신생교회, 구수교회 등도 장흥교회를 모교회로 하고 있다.

하지만 철원은 궁예 이후 여전히 꽉 막혀 있다. 동선이 자유롭지 못하며, 이데올로기로 인한 피해 의식이 사람들을 침묵하게 한다. 그러나 분명한 것은 예수가 그러했듯 패자가 승리하는 땅에 그들이 있다.

장흥교회
강원 철원군 동송읍 장방산길 33-14 033)455-3205
수유역 4번 출구 근처에 철원군 동송읍행 시외버스가 40분 간격으로 있다. 동송시외공용터미널에 내려 맞은편에서 하루 다섯 차례 오가는 신철원행 시내버스를 타서 '신생교회 앞'에 내려 조금만 걸으면 장흥교회다.

| 추천 맛집
한우촌진국설렁탕
강원 철원군 동송읍이평로 72
033)455-3174

군사도시답게 짧은 머리의 장병과 가족의 반가운 만남으로 시끌벅적한 식당 안. 그들은 따끈한 설렁탕을 떠먹으며 사랑을 확인했다. 동송읍 이평리 사거리에서 읍사무소 방향 50미터 지점에 위치한 설렁탕집은 45년 넘게 한자리를 지키며 소뼈를 우려내 온 욕쟁이 주인 할머니가 새벽 5시면 어김없이 문을 열고 손님을 맞는다. 손자 같은 장병이 밥을 적게 먹거나 음식을 남길라치면 "밥을 든든히 먹어야 나라를 지키지, 썩을 놈들아! 우리 집 음식이 맛없으면 다시 오지 마라!"라며 당신 방식으로 사랑을 표현한다. 이 집 밥을 먹고 제대한 장병이 50만 명은 족히 넘을 것이란다. 친정이 부자여서 소를 자주 잡은 덕분에 주인 임 할머니는 부엌살림을 맡았던 찬모 곁에서 고깃국 맛있게 끓이는 법을 익혔다. 이 때문에 식당을 개업한 직후부터 입구에서 큰길까지 줄을 설 정도로 소문이 났다. 비법은 오랜 시간 뼈를 우려내는 것은 물론, 불과 물의 양을 잘 조절하고 비린내를 없애기 위해 수삼을 넣고 사태와 양지를 넉넉히 넣는 것. 양념 및 식재료는 인근 와수리 산촌마을에서 무농약으로 농사지은 것을 공급받는다. 3년간 숙성시킨 참조기젓으로 버무려 적당히 익힌 깍두기 역시 설렁탕과 조화를 이룬다. 조미료는 버섯, 새우, 다시마 외 열 가지가 넘는 재료를 갈아서 사용한다. 철원 통일촌에서 생산된 태양초 고춧가루와 집된장을 풀고 묵은 김치와 콩나물을 끓여 낸 뼈다귀해장국도 인기다.

아름다운 교회길

아름다운 교회길

아름다운 교회길

교회터와 무너진 노동당사……
현대사의 비운을 내비친다.
살육이 이어지는 전쟁 중
교회를 지키기 위해 싸웠고 순교했다.
작은 시골 교회에서
골리앗에 대적할 만한 큰 힘이
어디서 나왔을까?

속초감리교회_강원 속초
동해 풍파와 현대사 격동 견뎌 온 '신앙의 등대' 한 세기

　마사다 성벽을 보는 듯했다. 짙은 해무가 성벽을 둘러싸 성벽 위, 교회 십자가는 드러나고 가려지기를 반복했다. 속초감리교회의 새벽은 그렇게 예수의 수난을 예고하는 말씀처럼 무거웠다. 바다 안개 때문이었으리라. 1950년, 그해 6월도 이랬을지 모른다.

　교회 지형은 조선 사발을 엎어 놓은 것과 같다. 성서적으로는 사해 해안의 유대인 요새 마사다와 비슷한 구릉이다. 바로크 양식의 교회당은 구릉 아래 동명항에서도, 좀 더 멀리 아바이마을로 불리는 청호동에서도 마치 '삶의 등대'처럼 또렷하게 보였다. 교회는 속초의 중심 청초호와 동해를 굽어보고 있다. 어느 지역이나 모교회는 이처럼 랜드마크로서 우뚝하다.

　교회는 요새 지형에 있지만 어디서도 접근이 쉬웠다. 정면,

옛 교회종은 초대교회 신앙생활의 상징이다.
선대 신앙인이 고난을 이겨 내고
반석 위에 교회공동체를 꾸렸다.
후대는 이를 계승하고자 내려놓은
옛 종을 다시 올렸다.

좌우 측면에서 가볍게 걸어 오를 수 있고 자가용을 타고서도 예배당 현관까지 닿을 수 있다. 정면 우측 출입구는 천주교회 정문과 나란히 하고 있다. 아담한 성당은 얼핏 교회 부속 성전처럼 보인다. 신·구교의 매력을 한꺼번에 볼 수 있는 이 같은 장소는 전국에서 유일무이할 것이다. 좌측 교회 정문을 통해 성당으로 가려는 천주교인은 어쩔 수 없이 개신교회 마당을 가로지르기 마련이다. 부활절과 같은 특별한 날 천주교 사제가 옆 개신교회 목사에게 작은 선물을 하는 것도 담 하나 사이를 두고 이웃한 정 때문이다.

속초감리교회는 출석 교인 740명, 재적 1,100명으로 지역에서 제법 큰 교회다. 속초 인구가 지금은 8만이지만 십여 년 전만 해도 10만 명이었다. 반면 복음화율은 10퍼센트 미만이다. 설악산에 큰 절이 많아 선교가 쉽지 않다는 것이 이곳 목회자들의 얘기다.

이곳 사람들은 지역 경기가 너무 침체되어 있다며 걱정이 태산이다. 명태 주산지였으나 북측 동해 바다에서 명태를 싹쓸이하는 중국 어선 때문에 주산지의 명성이 빛을 바래 가고 있다. 더구나 교회 앞 동명항은 남북 교류가 한창일 때 북한 선박이 명태를 하역하고, 일본·한국·러시아를 오가는 정기 여객터미널로 운용됐으나 남북 경색 등으로 항구의 기능이 상실되다시피 했다. 동

미국 여선교사와 초기 여성 교인들

명항의 침체는 지역공동체와 교회가 겪는 현실이자 새로운 한 세기를 준비하라는 신호이기도 하다.

속초감리교회는 1927년 스물두 살의 미국 여선교사 케이트 쿠퍼Sally Kate Cooper에 의해 세워졌다. 그러나 속초 사람들은 일제 강점기와 해방, 남북 분단으로 인한 적성 통치, 한국전쟁과 수복 등의 현대사 속에서 늘 경계에 서 있어야 했다. 정체성의 혼란 속에서 교회는 말씀으로 그들을 위로했고, 1980년대 축복과 성장을 동반했다. 경계에는 늘상 '노함과 분냄과 떠드는 것과 비방하는'(엡 4:31) 일이 벌어지기 마련인데 교회가 마을 중심에서 위로하며 근 백 년을 이끌었다.

교회 설립 무렵만 하더라도 속초는 양양군 속초리라는 한적한 어촌에 불과했다. 1908년 10월 22일 미국 남감리교 평신도 선교사로 부산에 도착한 쿠퍼가 개항지 원산을 축으로 남하하며 기도처소를 세워 나갈 때도 오늘과 같이 강원 영동 지방 구령의 모교회가 될 줄 몰랐다.

　　때문에 속초리 바닷가 기도처로 시작한 교회 설립연도는 그 기록이 명확하게 남아 있지 않다. 단지 속초감리교회가 보관하고 있는 〈속초교회연혁보고서〉에 다음 구절이 명시돼 1927년으로 기점을 잡았다.

　　"1917년 5월경 원산 보혜성경학원 쿠퍼 선교사가 동해안 일대 전도한바 이영학 씨가 믿기로 결심하고 온 가족이 그 집에서 예배드림이 속초교회의 시초다. 그 후 1927년 5월 15일 쿠퍼 선교사의 후원으로 초가 8칸을 사서 수리하여 감리교회를 설립하고 초대 구역장으로 송정근 목사님께서 시무하시다."

　　이후 속초감리교회는 원산에서 신학문을 접한 크리스천 평신도를 중심으로 소위 인텔리겐치아에 의한 계몽의식 발현의 창구가 됐다. 고 우석구·강용운 장로, 지양익 유사(교회 행정사무장을 일컬음) 등이 한글과 성경을 가르치며 복음을 전한 것이다.

　　1940년대 초 이러한 평신도운동은 일제 탄압으로 8칸 교회와 성물을 빼앗기고, 속초주재소에 끌려가 심문받다 복역하는 등

종각을 세운 후의 교회(1950년대)

지도자들의 수난으로 나타난다. 칼 찬 순사가 예배 시간에 순검을 이유로 감시하다 보니 교회는 폐쇄 위기까지 간다.

그리고 맞은 해방. 한데 삼팔선 이북에 속한 속초감리교회는 적성 치하에서 강대상까지 몰수당하는 등 그야말로 암흑의 시대를 맞는다. 1950년 5월, 20여 명의 신자가 공산 치하 와중에서도 예배를 이은 건 기적과도 같은 일이었다.

교회에는 적성 치하의 기록이 없다. 전쟁과 수복 무렵 기록도 없다. 남과 북, 경계에서 신앙을 지키며 생존해야 했던 이들에게 기록을 남기는 것은 죽음을 의미하기도 한다. 6·25 전쟁 직전 북의 예비검속으로 원산 지방 목회자들이 대대적으로 검거돼 목

속초 늘푸른요양원

숨을 잃은 것으로 볼 때 그 관할이던 속초감리교회도 온전할 리 없었을 것이다. 하지만 그 기록 역시 '공란'이다. 목자나 그 양이나 칼끝 앞에 서 있던 시대였다.

속초감리교회는 평신도가 교회를 지켜 왔다. 따라서 이 교회는 평신도 정신이 강하다. 백승규 담임 목사는 "교회 초기 작은 어촌 교회이다 보니 전임 목회자가 없었고 평신도가 이끌 수밖에 없었습니다. 이러한 평신도 정신이 지금도 평신도운동을 지속적으로 전개해 나가는 요인입니다. 교회의 사회·문화운동이 활발한 것도 이와 무관하지 않지요"라며 개방적 교회 분위기를 장점으로 꼽았다.

예배당 옆 '속초 늘푸른요양원'이 눈에 띈다. 대도시에 비해 고령화 속도가 빠른 이곳에 교회가 나눔의 일환으로 세웠다. 20여 명의 노인이 교회의 보살핌을 받는다. 속초는 앞서 얘기한 것처럼 사찰의 영향력이 강하다. 노인복지시설 또한 사찰 관련 시설이 70퍼센트를 차지한다. 따라서 크리스천도 어쩔 수 없이 사찰 관련 노인복지시설에 입소하기도 한다. 그리고 그들이 별세하면, 그 시설의 특정 종교 상징물을 커튼 등으로 가리고 예배를 봐야 하는 촌극이 벌어지기도 한다. 교회의 기독교 요양원 설립은 이러한 배경도 무시할 수 없다.

요양원 운영위 대표 안준일 장로는 "노인대학을 10년 이상 운영하고, 독거노인을 보살피고, 고령자 의료봉사 활동을 늦추지 않는 건 끝까지 구원의 길을 잃지 않도록 밝혀 주기 위한 것"이라고 했다.

구도심에 위치한 교회는 도시의 중심 이동으로 침체됐다가 최근 다시 활기를 띠고 있다. 속초 어디에서나 눈에 들어오는 구릉 위 교회는 차로 10분 이내에 진입이 가능하기 때문이다. 또 바다와 도시를 바라다보며 묵상하기 좋을 만큼 아름다운 것도 매력이다.

또 장자교회가 갖는 영성이 세속에 지친 영혼을 이끄는 바닷가 소나무 숲길이 되어 주기 때문이다. 경계의 삶은 영성을 강화시킨다.

속초감리교회
강원 속초시 영랑로7길 10-8 033)635-5114
속초 조양동 고속버스터미널에 내리면 7, 9번 등의 버스를 이용해 교회 입구 하차하면 된다. 동서울터미널에서 속초행 시외버스를 타고 가 하차하면 터미널 옆에 교회가 있다.

| 추천 맛집

동명횟집
강원 속초시 영금정로2길 7
033)635-9900

"중매인이 직접 운영하는 횟집이라는 것을 크게 써주세요."

동명항 횟집거리 초입 3층 건물에 자리 잡은 동명횟집(동명활어 직판장)의 이경애 사장의 애교스러운 당부다. 이곳에 자리한 횟집은 대부분 그날 잡아 온 싱싱한 활어만을 사용하고 수족관의 물도 바닷물을 끌어 들여 24시간 순환시킨다. 당연히 내륙에서 맛본 회와는 신선함에서 비할 수 없다. 매일 아침 이 씨의 남편이 중매에 참여해 자연산 바닷고기를 골라 온다. 또 인근의 소문난 횟집은 두루 거쳤다는 주방장이 노련한 칼 솜씨로 입에 달라붙도록 회를 뜨는 것도 소문난 비결이다. 횟감이 상에 오르기 전 한 상 가득 곁가지 요리가 넉넉하게 오른다. 오징어, 멍게, 해삼, 개불, 문어, 새우, 홍게, 전복, 가리비 등 셀 수 없을 정도로 다양하다. 골고루 맛을 보는 즐거움에 빠져 있다 보면 어느새 회가 올라온다. 고추냉이를 섞은 간장에 살짝 찍어 입에 넣자 쫀득쫀득한 식감과 바다 향이 입 안 가득하다. 우럭은 고소하고 감성돔은 꼬득꼬득하면서 깨끗하고 광어는 뒷맛이 담백하다. 적당히 회를 먹고 나면 생선 머리와 뼈를 추려 매운탕을 끓여 준다. 시어머니가 집에서 담근 장에다 주방에서 따로 만든 비법 양념장을 섞어 끓여 낸 탕은 적당히 칼칼하고 시원하면서 맛이 달다. 야들야들한 오징어회는 반드시 맛보아야 후회가 없다. 속초시외버스터미널에서 차로 5분 거리다.

1917년 쿠퍼 선교사가 전도한
이영학의 집에서 첫 예배가 드려졌다.
속초 교회의 시초,
강원 영동 모교회가 되었다.
일제강점기 수난, 해방, 한국전쟁 수복
남과 북 경계에서 신앙을 지켰다.
어촌 교회는 오늘도 삶의 등대로
주민들과 함께한다.

남부 지역

일직교회
내매교회
행곡교회
양동교회
가북교회
청암제일교회
중부교회
갈계교회
함평읍교회
광암교회
모슬포교회

일직교회_경북 안동
어스름 새벽녘,
몽실 언니도 종소리에 잠 깨었을까

신작로 땡볕을 걷다가 길 옆 동산 회화나무 숲으로 들어서니 순간적으로 역암전逆暗轉되어 사물이 보이지 않았다. 눈 멍울이 걷히고 숲 안의 풍경이 드러났을 때 지상의 천국과도 같은 평화가 '실존'했다.

수백 년 묵은 나무 아래 조산정이라는 정자 마루에서 마을 노인 네 분이 한담을 나누고 있었다. 흰 모시 적삼을 입은 구순 가까운 노인은 힘에 겨운지 무릎을 구부려 상체를 의지한 채였다. 나이가 들면 영의 눈이 밝아진다고 했던가? 육신은 수그러져도 영은 더욱 빛을 발한다. 거기 평화가 있었다.

멀리 마을 교회 종탑이 랜드마크가 되어 생육하고 있음을 알리는 그런 시간이었다.

"쫓아오던 햇빛인데 지금 교회당 꼭대기 십자가에 걸리었습

멀리 마을 교회 종탑이
랜드마크가 되어 생육하고 있음을 알리는
그런 시간이었다.
"쫓아오던 햇빛인데
지금 교회당 꼭대기 십자가에 걸리었습니다"로
시작되는 윤동주의 시 〈십자가〉가
어울리는 마을이다.

권정생 선생

니다"로 시작되는 윤동주의 시 〈십자가〉가 어울리는 마을이었다.

　기행은 동구洞口 조산정부터 시작됐다. 동행한 일직교회 이창식 목사가 노인들에게 경북 북부 특유의 '~니껴' 사투리로 인사를 했다. 이 목사가 조산정 촌로들에게 "경수 집사도 있었으면 좋았을낀데요"라고 하자 조산정 정자 마루에 앉아 당신들끼리 한담을 나누던 한 노인이 "여부 있나" 하고 답했다.

　이들이 말하는 경수 집사는 일직교회 종지기로 삶으로 마친 아동문학가 권정생을 말한다. 권정생은 《강아지똥》, 《몽실 언니》

등을 낸 한국 문단의 대표적 아동문학가다. 그런 그가 진정으로 불리기 원했던 호칭은 '경수 집사', '종지기 권정생'이었다는 것을 한국 교계는 잘 모른다. 경수는 권정생의 어린 시절 이름이다.

경수 집사는 1967년부터 16년간 일직교회 종지기로 살며 교회가 있는 조탑마을을 벗어나지 않았다. 종지기로서 매일 새벽 4시와 오후 6시, 하루 두 번 종 치는 영광을 소홀히 하기 싫어서였다.

그는 지독한 가난이 가져다준 질병, 폐결핵과 늑막염을 안고 살았다. 키가 170센티미터인데도 몸무게 37킬로그램을 넘겨 본 적이 없을 만큼 병약했다. 가난이 병을 불렀다. 그는 수술 후 죽을 때까지 소변 주머니를 차야 했다. 때문에 조탑마을과 교회를 벗어나기는 힘들었다. 그런 그에게 교회와 마을이 있는 이곳 공동체는 예수 시대 성읍과도 같았다.

경수 집사와 이 마을에서 한세월을 보냈던 팔순의 한 할아버지는 정자 아래로 펼쳐진 논을 무심히 바라보며 그와의 추억을 이야기했다.

"깡마른 사람이라…… 그 큰 키에 살만 좀 붙었으면 안동 선비 아이가. 못 배웠어도 박식하고. 예수 믿음 다 그리 되는 거이 아닐 텐데 참 사람 똑똑한 기라. 혼자 있어도 늘 골똘히 생각하는 분이였지."

조탑마을은 30여 호 남짓하다. 이 마을에 일직예배당이 들어선 것은 1953년. 당시 안동읍에서 17킬로미터 떨어진 산골 마을이었다. 마을에서 5킬로미터 떨어진 곳엔 면사무소가 있다. 《몽실 언니》의 몽실 어머니 밀양댁이 굶어 죽지 않기 위해 댓골로 새 시집을 가던, 또 몽실이 아버지 병 치료를 위해 부산으로 떠나던 통로 중앙선 운산역은 면사무소에서 5백여 미터 떨어진 곳에 위치해 있다.

권정생이 조탑마을에 흘러든 것은 1947년이었다. 도쿄에서 조선인 노무자였던 부모의 5남 2녀의 여섯째로 태어나 해방 직후 부모가 이곳에 정착하면서 가난과 병마로 점철된 모진 삶이 시작된 것이다. 그의 부모는 해방된 땅에서 소작과 행상으로 연명했다. 일본에서의 삶보다 훨씬 가혹했다.

이후 일직초등학교를 졸업한 권정생은 가난으로 상급학교에 진학하지 못했다. 초근목피로 연명하던 시절이라 나무장수, 점원, 고구마장수 심지어 거지 생활을 해야 했을 정도다. 가난은 전쟁보다 비참했다.

그 무렵 일직교회가 거지 나사로와 같은 그에게 손을 내밀었다. 폐병쟁이를 교회 문간방에 살게 하고 종지기 직분을 맡겼다. 교회가 아니었으면 전염병을 옮기는 폐병쟁이를 누가 거두었겠는가.

《강아지똥》 친필 원고

제1회 기독교 아동문학작품상

비료 부대로 부채를 만들어 쓰고 5만 원으로 한 달을 살았다.

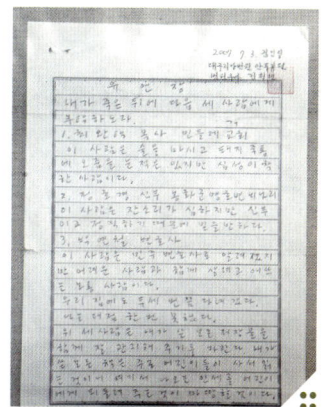

유언에 따라 연 인세 1억 원과 자산 10억 원을 굶는 어린이들을 위해 쓰고 있다.

'좋은 동화 한 편은 백 번 설교보다 낫다'
권정생과 함께한 유품이 전시되어 있다.

경수 집사는 훗날 "내가 예배당 문간방에 살면서 새벽종을 치던 때가 진짜 하나님을 만나는 귀한 시간이었다"고 회상했다.

추운 겨울날 캄캄한 새벽에 종 줄을 잡아당기며 유난히 빛나는 별빛을 바라보는 상쾌한 기분이 지금도 그리워진다. 1960년대만 해도 농촌 교회의 새벽 기도는 소박하고 아름다웠다. 전깃불도 없고 석유램프 불을 켜놓고 차가운 마룻바닥에 꿇어앉아 조용히 기도했던 기억은 성스럽기까지 했다. ……새벽 기도가 끝나 모두 돌아가고 아침 햇살이 창문으로 들어와 비출 때, 교회 안을 살펴보면 군데군데 마룻바닥에 눈물자국이 얼룩져 있고 그 눈물은 모두가 얼어 있었다.

-권정생, 《우리들의 하느님》에서

그 시절을 함께한 일직교회 김택수 장로는 "종지기 일은 기도 없이 절대 할 수 없는 일입니다. 경수 집사는 그 약한 몸으로 폭염과 엄동설한에도 단 한 번도 종 치는 것을 빠뜨리지 않았지예"라고 전한다.

일반적으로 타종은 봄가을엔 새벽 4시와 오후 6시, 여름엔 새벽 4시와 밤 8시, 겨울엔 새벽 5시와 밤 7시에 이뤄진다. 초종은 30분 전, 제종은 10분 전에 치고 주일 낮 예배와 저녁 예배 때는 별도로 '떼~앵 떼~앵' 하는 영혼의 소리를 울린다. 오줌 주머니를 차고 다니는 스물아홉 병자 청년에게는 사력을 다한 종소리였을 것이다.

어느 날 새벽 뽀드득거리는 눈을 밟으며 새벽 기도에 나섰던 한 권사님의 기억이다.

"눈이 소복이 쌓여 새벽 기도 가는 길이 힘들었던 어느 해 겨울이었어라. 깡마른 경수 집사가 손을 호호 불어 가며 종 줄을 당기고 계시더라고. 내가 '집사님예, 장갑이라도 끼고 하시지러' 하니까 '그리 하몬 진실된 마음이 안 닿을 거 같아서 이리합니다' 하시더라고. 그런 분이셨지예."

하지만 아쉽게도 당시 일직교회 예배당과 종탑, 그리고 권정생 문학의 산실이었던 문간방(토담집)의 원형은 남아 있지 않다.

> 서향으로 지어진 예배당 부속 건물의 토담집은 겨울에는 춥고 여름에는 더웠다. …… 그래도 그 조그만 방은 글을 쓸 수 있고 아이들과 자주 만날 수 있는 장소였다."
>
> -권정생, 《우리들의 하느님》에서

경수 집사가 종지기를 그만둔 것은 1983년 무렵 교회에 차임벨이 보급되면서다. 실직 아닌 실직을 한 그는 교회 문간방에서

권정생이 거처하던 허름한 빌뱅이 흙집

집필한 작품의 인세 60만 원으로 교회 청년들과 함께 교회 뒤쪽 빌배산 빌뱅으로 불리는 터에 흙집을 지었다. 그로서는 처음으로 가져 본 방 한 칸짜리 집이었다.

그가 흙집 장소를 고르면서 제일 먼저 내세운 건축 조건이 교회가 보이는 곳이었다. 비록 교회 종지기를 그만두었어도 교회는 그가 평생 섬겨야 할 성소였기 때문이다.

권정생은 얼마나 주일학교 아이들을 사랑했는지, 아이들이 저 멀리 교회에서 빌뱅이 흙집을 향해 "선생님!" 하고 부를까 봐 화장실조차 교회가 보이는 방향으로 두었다. 바로 아이들에게 달려가기 위해서였다. 그만큼 그는 아이들을 사랑했다.

지금 빌뱅이 흙집은 비록 주인은 없으나 모양새가 그대로 남아 있다. 한데 마당에 잡초가 무성한 것이 이상했다. '권정생어린이문화재단'에서 관리한다. 관리가 소홀한 것 아닌가 싶던 차에 동행한 이창식 목사에게 물었다.

"생전에도 이렇게 사셨습니다"라는 답이 돌아온다. 누가 베어 내려고 하면 "풀 한 포기, 꽃 한 송이도 절대 베어선 안 됩니다. 그것들도 다 생명이 있고 의미가 있어 이 땅에 온 겁니다"라며 말렸다고 한다.

경수 집사는 이 집에서 글을 쓰다가 냇가 길을 따라 교회로 향했다. 유일한 이용자가 없어진 냇가 길은 밭으로 편입돼 이제는 없어졌다.

여느 시골 교회와 마찬가지로 일직교회에도 연로한 성도만 남았다. 신작로가 포장되면서 새 길이 생겼고 그 길이 교회 땅을 지나는 바람에 새 예배당을 지어 지금에 이른다. 1987년의 일이다. 이때 녹슨 종탑도, 문간방도 철거되고 말았다. 사람이건 안식처건 간에 오래된 모든 것은 떠나거나 헐렸다.

사람들은 권정생을 '성자가 된 종지기'라고 한다. 강아지똥과 같은 세상 쓸모없는 것에서조차 민들레 씨를 틔울 수 있는 가치를 발견하고 동화로 풀어낸 종지기가 어찌 성자가 아니겠느냐는 존경에서다.

일직교회를 찾는 연 1만여 명의 탐방객 가운데 열에 여덟은 크리스천이 아니다. 버스 대절 답사가 주류를 이룬다. '권정생 문학'의 존귀함을 아는 지방자치단체, 문단 등은 권정생을 추모하기 위해 기념재단 등을 만들고 권정생 문학 탐방로를 조성했다. 그러나 정작 한국 교회는 손을 놓고 있다. 때문에 '아동문학가 권정생'은 여전히 빛나지만 그가 그토록 원했던 '종지기 경수 집사'는 지워지고 있는 것이다.

다만 이창식 목사와 몇몇 뜻 있는 분들이 교회를 찾는 비크리스천을 위해 동분서주하며 옛 종탑을 세우고 문간방을 복원하려고 애쓰고 있다. 이창식 목사는 교회를 찾는 이들을 대할 때마다 경수 집사가 죽어서도 전도하고 계신다는 것에 놀라워했다. 이창식 목사는 2004년 부임해 경수 집사가 소천할 때까지 성도와 함께 병 수발을 했다.

"경수 집사님은 죽기 전 '하나님과 예수님이 계시지 않았다면 이 세상에서 나는 가장 불쌍한 사람'이라고 고백하셨어요. 또 '몸이 아프니 예전의 즐겁던 교회 생활과 교인밖에는 생각나는 사람이 없다'고도 하셨지요. 일직교회라는 신앙공동체의 지체요, 모두가 존경하는 집사님이셨던 거지요."

경수 집사는 예수처럼 가난했다. 그러나 가난해서 가난한 것이 아니라, 구원과 나눔을 위해 스스로 가난해졌다. 이창식 목사는 비료 부대로 부채를 만들어 쓰고 생활비도 월 5만 원으로 사셨다며 사후 재산을 정리하니 90여 편의 작품에서 들어오는 연 인세 1억 원과 10억 원 자산이 있었다고 증언했다. 이 돈은 권정생의 유언에 따라 굶는 어린이들을 위해 쓰고 있다. 현재 '권정생어린이문화재단'이 운용하고 있다. 최근엔 재단에서 북한 어린이 돕기에 힘쓰고 있다.

시골 일직교회 예배당……. 영의 눈이 밝은 종지기가 마룻바닥에서 눈물의 기도를 드리고 있다.

일직교회
경북 안동시 일직면 조탑본길 79 054)858-1670
안동버스터미널 옆 호암마을정류장에서 버스를 타고 가다가 안동병원에서 하차. 38번으로 환승해 송리정류장에서 내리면 일직교회가 보인다.

| 추천 맛집
고산정가든
경북 안동시 남후면 암산길 94
054)858-2153

안동시 남후면에는 주민들이 즐겨 찾는 암산유원지가 있다. 이곳 초입에 일직교회 서경희 집사가 운영하는 민물매운탕 전문점 '고산정가든'이 자리 잡고 있다. 20여 년 전 안동으로 시집온 서 집사는 음식 잘하기로 소문난 시할머니의 손맛을 전수받았다. 그가 쓰는 주재료는 쫄깃쫄깃한 육질을 자랑하는 메기와 오염되지 않은 인근 미천과 길안천에서 갓 잡은 모래무지, 꺽지, 등미리(돌고기), 퉁거리, 피라미 등이다. 부드럽지만 조금은 느끼할 수 있는 메기의 육질은 자연산 잡고기에서 우러난 칼칼하고 담백한 향과 섞여 맛을 돋운다. 푹 곤 고기와 채소를 먹다가 중간중간 눈에 띄는 쫀득한 수제비를 골라 먹는 것도 즐거움이다. 밑반찬은 가짓수는 많지 않지만 정갈하다. 질 좋은 벼를 즉석에서 도정해 지은 쌀밥은 윤기가 넘친다. 매운탕과 더불어 골부리탕 또한 단골손님들이 즐겨 찾는 메뉴다. 골부리는 다슬기의 경상도 사투리다. 맛은 물론 저렴한 가격과 넉넉한 인심이 차츰 소문나면서 찾는 이가 갈수록 늘고 있다. 주말이면 손님이 북적이지만 주일엔 문을 열지 않는다.

아름다운 교회길

작은 건물이
'종지기 경수 집사'의
문간방 자리다.
교회는 폐병을 앓는 그에게
종지기 직분을 맡겼고
그는 공동체의 지체로
일생을 섬겼다.

내매교회_경북 영주
부활초가 종탑 아래 단아하게 자리했다

'우리들의 행복한 부활주일'이었다.

교회 앞마당엔 흔히 상사초라 불리는 부활초가 종탑 아래 단아하게 자리했다. 매발톱꽃은 부활의 아침을 찬양하듯 수줍게 피었다. 십자가 위에서 흘리신 피를 상징하듯 보랏빛이었다. 민들레꽃도 함께 영광의 아침을 맞았다. 흰수국, 톱꽃, 백합, 등꽃, 금낭화, 옥잠화, 초롱꽃, 동강할미꽃, 라일락, 인동초 등도 호산나를 외쳤다.

경북 영주시 평은면 천본리 내매교회. 천본리는 경북 북부지방 유림문화의 특성을 잘 간직하고 있는 전형적인 집성촌이다. 소백산 아래 소수서원, 봉황산 아래 부석사 사이를 흐르는 내성천이 사천蛇川을 이루는 즈음 스무 가구 남짓한 마을이 있고 그 마을을 굽어보는 언덕에 백여 년 전통의 내매교회가 있다.

목련꽃 봉오리가 벌어지기 시작하는
4월의 내매교회.
'엄마야 누나야 강변 살자' 동요처럼
멀리 금빛 모래 강이 보이는 교회다.

교회당은 아담했다. 적벽돌과 시멘트로 지은 건물로 예배실이 66제곱미터(약 19평) 남짓하다. 교회 현관을 열면 오른쪽으로 첨탑에 오르는 계단이 보인다. 그리고 머리를 들면 사람 하나 들어갈 만한 출입구가 뚫려 있다. 첨탑에 달린 종 줄이 내려오는 통로이기도 하다. 이 예배당이 봉헌된 1977년만 하더라도 줄을 당겨 종을 쳤으리라.

이날 예배에는 스무 명이 참석했다. 찬양석에는 분홍색 한복을 입은 집사 한 사람과 검은색 정장을 입은 또 다른 집사 두 사람이 부활의 기쁨을 찬양했다. 피아노는 있으나 반주자가 없어 전자반주기에 맞춰 불렀다. 교인은 70대가 대부분이다. 평생 한 마을에서 농사를 지으며 선대로부터 신앙을 물려받은 이들이다. 몸도 마을도 쇠락해 가나 천국과 부활을 향한 기도만은 교회 뒷동산 매화꽃같이 활짝 폈다.

함오호 담임 목사는 (2013년 은퇴) 이날 '부활의 증인'이란 제목으로 말씀을 선포했다. 예수를 정죄한 사람들이 예수가 부활함으로써 정죄받았다며 우리는 세상의 잣대로 처녀의 몸에서 태어난 예수, 물 위를 걷는 예수를 부인해 왔으며 지식인일수록 심했다고 전했다. 시골 교회 노목사의 말씀은 달며 쓰다. 마치 이날 예배 후 코이노니아를 위해 받은 밥상의 머위나물 맛처럼.

내매교회는 지세로 보아 도무지 믿기지 않는 '역사교회'다.

함오호 목사

1906년 구한말 피폐해질 대로 피폐해진 조선의 이 외진 곳에 초대교인들이 교회를 세우고 유림 가문에서 파문당할 각오를 하고 보이지도 않는 신을 위해 기도를 하다니.

  이곳 출신 강재원은 출항하여 대구 약령시樂令市에 머물던 중 전도 책자를 접하게 된다. 조선을 전도 여행하던 미국 장로교 윌리엄 베어드 William Baird 선교사(숭실대 설립자)가 뿌린 것이었다. 야소교를 믿게 된 강재원은 개명한 세상의 필요성을 느끼고 고향으로 돌아와 쉰 가구 남짓한 마을에 예배 처소를 세웠다. 초대교

인 유병두의 집에서였다. 그리고 교인이 늘어나자 자신의 집에 십자가를 높이 달아 교회의 모습을 갖췄다.

그 무렵 이 마을의 또 다른 인물 강병주는 젊은 날 승려가 되겠다고 해인사로 향하던 중 회심하여 훗날 평양신학교를 졸업, 목사가 됐다. 교육자, 한글운동가, 농민계몽가로도 널리 알려진 인물이다. 두 사람은 고향에서 의기투합해 내매교회를 중심으로 마을 전체를 복음화했다. 강병주의 부친 강기원은 성격이 강포하다며 호되게 야단을 쳤던 아들의 변화에 놀라 예수를 믿었을 정도였다.

두 사람은 '예루살렘 이상촌' 건설을 위해 향약 6개조를 만들어 실천했다. '우상숭배 금지와 미신 타파', '음주 도박 금지', '일경(日警) 출입 금지', '신·불신 막론 관혼상 지원', '소 외에 가축 사육 금지 통한 청결한 마을 가꾸기', '주일 우물 사용 금지' 등이었다.

일경의 출입을 금지시켜 가며 신앙을 지켜 온 내매교회는 1948년 9월 좌우 대립 속에 좌익에 의해 여섯 명의 성도가 숨졌고, 교회도 일부 불탔다. 또 앞서 남녀유별의 유교사상 때문에 헌당했던 ㅅ자 예배당이 급격한 교인 증가로 새 성전을 헌당하면서 이 무렵 아쉽게도 사라졌다. 내매교회 ㅅ자 교회는 한국 초대교회 건축사적 의미로도 복원 가치가 충분하다는 것이 교계와 건축학계의 의견이다.

1910년 설립한 교회학교 부설 내명학교는 경북 북부 첫 조선총독부 인가 근대식 학교로 장로교단의 거목 강신명 목사 등을 비롯한 인재의 산실이었다. 내명학교는 내명국민학교에서 1991년 평은초교 내명분교로 격하됐다가 1995년 평은초교에 흡수되면서 폐교된다. 하지만 1915년 내매교회 여전도회가 마련해 기증한 땅 위에 설립됐던 학교 건물만은 지금도 교회 맞은편에 쓸쓸히 남아 있다.

내명학교, 내명마을 출신은 근대화 시대 기독교 신앙으로 소금의 역할을 하며 살아간 이들이 적잖다. 계명대학 설립자 강인구 목사, 강신정 전 기독교장로교 총회장, 강병도 전 창신대 총장, 강

진구 전 삼성전자 회장 등이 대표적이다.

1910년대 건축 양식을 그대로 보존하고 있는 내명학교(현 사택도 학교의 일부), ㅅ자 교회터, 여전도회 기증 학교터 등은 영주댐 수몰지가 되어 존폐 기로에 서 있다. 함오호 목사와 교인이 '영주의 모교회 내매교회 이주 복원 계획안'을 만들어 영주시, 문화재청 등에 기독교 근대문화유산으로 되살려 달라는 청원을 내고 있으나 교단 및 교계의 전폭적인 지지가 뒤따르지 않는 한 이 유적을 이어받기가 쉽지 않을 전망이다.

수몰지는 쓸쓸하다. 마을 앞 금빛 모래 고운 내명천을 따라 4킬로미터 거리에 위치한 면사무소, 그리고 천변을 따라 계속 내려가다 만나는 중앙선 폐역 평은역 등은 고요하다 못해 을씨년스럽다. 부모가 죽은 후 찾은 고향 마을 같은, 혹은 예수 사후 거리 풍경 같다고나 할까.

부활절, 내매교회 마당이 부산스러웠다. 영주 남부 지역 8처 교회 부활절 연합예배를 위해 산 넘어 망월교회로 가는 봉고차가 시동을 걸었다. 유순희 집사 등이 밝은 얼굴로 나이 든 교인을 부축해 태웠다. 차가 산으로 오르자 수몰 지역이 한눈에 보였다. 멀리 복음을 들고 내매마을로 들어오던 초대교인들이 걷던 신작로가 강과 나란히 이어졌다.

댐 건설로 수몰지에 속한 내매교회는 지금의 위치에서 조금

더 높은 곳으로 이전한다. 내명학교 건물이었던 사택은 원형 그대로 해체되어 전문업체에 의해 복원됐다.

2013년 부임한 윤재현 목사는 "지금의 본당도 주출입구와 정면 부분을 살리는 파사드 형태로 신축 예배당에 적용한 것"이라고 했다. 이를 위해 교회 측은 2014년 현재 5천여 평의 교회 부지를 확보한 상태다.

청교도들이 그러했듯이 내매교회도 새 터전에서 새로운 신앙생활을 시작할 것이다. 부활의 신앙이기 때문이다.

내매교회
경북 영주시 평은면 천상로 259번길 054)637-3082
영주시외버스터미널에서 53, 34번 버스를 타고 영주여객 정류장에서 내려 31번으로 갈아타서 신전1리 정류장에서 하차한다. 35분 소요.

| 추천 맛집

풍기한방삼계탕
경북 영주시 풍기읍 기주로 111
054)638-2600

30년 넘게 삼계탕을 끓여 온 오경옥 사장은 매년 가을이면 질 좋은 인삼을 찾아 전국을 헤맸다. 향이 진하고 단단한 풍기 인삼이 최고의 삼이라고 결정을 내렸다. 막내까지 대학을 졸업하자 경북 포항에서 20년 가까이 운영하던 삼계탕 집을 툭툭 털고 경북 영주시 풍기읍으로 향했다. 남편 고상열 씨와 물 좋고 산 좋고 공기 맑은 소백산 자락에서 새로운 인생을 시작한 것이다.

매일 아침 일반 육계보다 비싸지만 육질이 부드러우면서도 쫄깃한 어린 토종 생닭만을 공급받는다. 소백산에서 나는 인삼과 한약재 열 한 가지 외 오가피, 엄나무 등을 넣고 두 시간 이상 우려낸 약물에 기름기를 제거한 토종닭을 넣고 다시 한 번 끓여 손님상에 올린다. 맑으면서도 연한 갈색을 띠는 국물은 진한 향의 풍기 인삼과 약초가 어우러져 닭 특유의 비린내와 한약재 냄새가 나지 않는다. 천일염으로 두 시간 이상 정성껏 볶아 낸 죽염으로 적당히 간을 한다. 종갓집 며느리인 친정어머니 밑에서 어려서부터 '친정 시집살이'를 충분히 해 음식 하나만큼은 자신한다는 주인장이 손으로 버무려 낸 깍두기, 열무김치, 양파김치 등 밑반찬은 정갈하고 깊은 맛이 있다. 인삼찜닭도 이 집의 인기 품목이다. 취향에 따라 매운맛의 정도는 미리 주문할 수 있다. 뜨거운 삼계탕은 시원한 열무김치와, 얼큰한 찜닭은 새콤달콤한 양파김치와 궁합이 잘 맞는다.

이 식당은 일본 TBS TV 연말특집방송 '세계음식기행'에서 '한국의 가볼 만한 맛집'으로 뽑혀 방송을 타기도 했다. 서울, 부산 등 외지 단골 고객도 많다. 중앙고속도로 풍기 나들목을 빠져나와 시내 방향으로 4킬로미터 지점 풍기파출소 건너편에 위치한다.

아름다운 교회길

아름다운 교회길

유림문화 강한 영남 집성촌
내성천 굽어보는 언덕에
백 년 넘게 자리를 지켜 오다.
영주댐 들어서
담수가 시작되면
마을은 사라질 터.
이주하는 새 터전서
새로운 신앙생활을 시작할 것이다.
부활의 신앙이기에.

행곡교회_경북 울진
황금들녘, 왕피천, 소나무 숲과
106년을 한자리에

줄곧 과부의 찬란한 치마폭 같은 바다를 떠올렸다. 쪽빛 치마폭 같았던 울진의 바다와 왕피천의 '순수純水'는 뭔가 잡히지 않고 보이지 않는 열망이 되어 20대의 우리를 기다리는 것 같았다.

1980년대 초, 교회 대학부 친구들과 울진 그 오지를 찾기로 한 것은 무엇 때문이었을까. 기억을 떠올려 봐도 좀처럼 명확해지지 않는다. 다만 한수산의 소설 《부초》에서 광대 연인이 사랑을 키우던 소백산 자락을 거쳐 울진 쪽빛 바다에 닿았다는 기억이 선명하다. 우리는 그저 서러웠을 뿐이다. 나이 때문이었으리라.

그 시절 우리의 설움은 대예배 직후 이어진 대학부 예배에서 성경 한 구절, 찬송 한 소절에서도 음울하게 드러나곤 했다. 시대적 정황과도 무관하지 않았다.

그리고 수십 년 만에 다시 울진을 찾은 날, 국지성 폭우가 무

106년 전, 오지였던 이곳에
복음이 들어왔다.
백 살 됨직한
앞마당 모과나무가
세월의 흔적을 말해 준다.

섭게 내렸다. 터미널 건너편 시내버스정류장에서 들이치는 비를 피하며 울진군 근남면 행곡리 행곡침례교회에 가는 차를 기다렸다. 주일예배 시간에 맞춰야 하다 보니 조바심이 났으나 읍내 작은 버스정류장이 주는 아취雅趣를 놓치기도 아쉬웠다.

시골 버스는 왕피천을 따라 태백산맥 등마루를 오르기 위해 숨을 고르며 나아갔다. '울진·삼척＝공비 출몰 지역'으로 각인되었던 두메산골은 이제 '전원 마을'의 어감으로 변했다. 고을을 이룬 이래 문명의 진보와 퇴보가 거듭됨에도, 세상의 요동과 관계없이 '해 아래서 수고하는 모든 수고 중에서 낙을 누리는' 이들이 바로 거기에 있었다.

동해와 닿는 왕피천 하류를 치올라 십 리나 갔을까. 논 한바닥에 종탑과 십자가가 불쑥한 행곡교회가 빗물 흐르는 차창 너머로 다가왔다.

'1908 행곡교회.'

문명의 퇴보를 겪던 20세기 초. 한반도 이 외진 곳에 행곡교회를 통해 복음이 전해졌다는 사실은, 그 무렵의 동력과 동선을 헤아려 보면 기적과 같다.

울진은 1895년 현에서 군으로 승격됐고 군의 중심지 울진면은 1979년에서야 읍으로 승격됐던 한적한 곳이다. 행정상으로 1963년까지 강원도 땅이었다. 대한기독교침례회사에 따르면 행곡교회는 1905년 충남 공주 성서신학원을 졸업한 손필환 문서선교사의 선교로 울진 지역 첫 교회가 됐다. 캐나다 출신 선교사 말콤 펜윅Malcolm C. Fenwick에게서 예수를 영접한 손 선교사가 왜 멀리 울진까지 와서 선교를 했는지는 명확하지 않다. 어쨌든 손 선교사는 1907년 겨울 공주교회에서 개최된 침례교 총회 격인 대화회大和會에 울진 출신인 전치규, 전치주, 남규연, 남규백 등 여덟 명의 성도와 함께 참석한 기록으로 보아 펜윅처럼 선교를 위해 울진 오지까지 일부러 들어갔지 싶다. 그리고 106년이 지난 오늘, 행곡교회는 여전히 마을의 십자가로 남아 복음을 전한다.

주일 설교 제목은 '나오미의 귀향'이었다. 추석을 나흘 앞둔 주일이어서 '귀향'이 주제가 된 듯싶었다.

"나오미처럼 믿음의 고향을 떠나 영적인 타향살이를 하는 사람이 많습니다. 예루살렘을 떠나 10년 만에 쫄딱 망해 돌아온 나오미는 고향으로 머리를 둔 순간 며느리 룻과 함께 축복을 받을 수 있었습니다. 육신의 고향이 그리워 찾아오는 추석입니다. 영혼의 고향을 갖는 여러분이 되시기를 바랍니다."

설교자 김형욱 목사의 쩌렁쩌렁한 목소리가 굵어지는 빗소리를 가늘게 했다. 30여 명의 성도는 말씀을 경청했다. 강단 오른쪽 교육관(옛 예배당) 한옥 지붕과 그 앞마당의 백여 년 수령의 모과나무가 늦장마를 고스란히 견디고 있었다.

예배가 끝나고 성도들은 대개 집으로 가지 않고 교육관으로 들어갔다. 곧바로 교제의 상차림이 이어졌다. 콩나물에 미역을 넣어 무친 반찬과 담백한 된장국만으로도 풍성한 상이었다. 열어놓은 미닫이문 밖으로 모과나무, 그 뒤로 황금색으로 바뀌는 논, 또 그 뒤로 수백 년 됨직한 송림 그리고 멀리 은어가 오르는 왕피천이 펼쳐지니 '사람의 생명이 소유의 넉넉함에 있지 아니하다'(눅 12:15)는 말씀이 들어온다.

칠순이 넘은 장상국 장로는 "내가 예수를 처음 알았을 때만 해도 교회 앞길은 달구지나 지나다니는 시골길인기라. 울진 명소 성류굴 쪽 집에서 이곳 교회까지 산 넘고 논둑을 지나는 먼 길이었는데도 찬송을 부르며 참 즐겁게 다녔지라" 하고 1960년대 이야기를 풀어 놓았다. 쌀이나 장작을 헌물로 드리던 시절 이야기다. 장 장로는 군 제대 후 피골이 상접할 만큼 깊은 병에 들었으나 교회 다니면서 육신의 병을 고친 일을 잊을 수 없다고 덧붙였다.

옛 얘기가 나오자 교회 역사에 밝은 정헌호 성도가 나섰다. "1800년대만 하더라도 교회 뒤쪽으로 왕피천이 흘렀다는 기록을 보았슴더. 증언도 들었고. 여긴 울진 어느 지역보다 논농사가 잘돼 비교적 풍요로웠어여. 그러니 교회도 들어설 수 있었던 것 아니겠슴니껴?"

오랜만에 아버지를 따라 출석한 20대 국제변호사 이현정 씨가 교회 어른들의 이야기를 듣고 있었다. 그녀의 아버지는 울진 원자력발전본부에 근무한다. 외지인인 셈인데 소박한 교회가 마음에 들어 출석하게 됐다고 한다.

성도의 교제는 당시 약국을 하던 김홍일 집사가 교회에서 첫 신식 결혼식을 올린 얘기로 이어졌다. 한복 차림의 신부가 면사포를 쓴 것이 고작이었지만 전통 방식의 결혼식이 익숙하던 이곳 사람들에겐 교회 결혼식이 꽤나 문화적 충격이었다고 한다. 교육관은 1934년부터 1983년까지 본당으로 쓰였던 한옥 ㅁ자 건물이다. 정면 4칸 측면 2칸의 팔작지붕 홑처마 구조에 51제곱미터(약 25평) 넓이로 2006년 문화재청이 등록문화재로 지정했다.

남녀 예배석의 구별, 울진 소나무로 만든 강대상의 가치 등을 인정받아 한국 교회건축사에 남는 귀한 건축물이 됐다. 예배당 건립 당시 해체된 울진 읍성의 병영 건물을 매입해 대들보 등으로 삼은 것도 인상적이다.

또 하나 특이한 점은 마룻바닥 뚜껑을 열면 드러나는 지하 밀실이다. 사다리를 내려야만 이용할 수 있는 곳으로, 격변기 한국 교회의 특성을 간직한 공간이다. 일제강점기 기독교 박해, 해방 후 좌우익의 이념 대립으로 인한 긴장이 이런 밀실 구조를 낳았다. 긴급 상황 시 피난처였던 것이다. 한편 행곡교회에서 세운 죽변면 용장교회 또한 등록문화재로 그 무렵의 한옥형 교회를 대표한다.

수고 중 낙을 이루던 이곳도 근현대사의 참화만은 피해 가지 못했다. 행곡교회 출신으로 침례교 3대 감목(監牧)이었던 전치규 목사가 1944년 2월 함흥형무소에서 순교했고, 전병무 목사와 남석천 성도는 1949년 공비들 손에 총살당했다. 침례교단 순교자 스물한 명 가운데 세 명이 이 교회에서 나온 것이다.

한국 기독교 역사는 한국 불교에 비해 짧다. 하지만 이 짧은 기간 행곡교회 교인과 같은 복음의 전령이 새로운 문물과 제도를 슬기롭게 받아들여 오늘의 한국을 있게 한 원동력이 됐음을 부인할 수 없다.

그래서 이 한적한 교회가 가까운 미래의 어느 날, 기도와 묵상으로 예수님의 삶을 돌이켜 보게 하는 영성 공간이 될 것으로 믿는다.

행곡교회
경북 울진군 근남면 행곡리 102번지 054)783-4252
울진 시외버스터미널 건너편 버스정류장에서 불영계곡 입구행 버스를 타고 10분 남짓 가서 행곡1리에서 내리면 바로 소나무 숲이 보이고 그 뒤로 교회가 있다.

| 추천 맛집

저팔계 장작초벌구이 · 막국수 식당
경북 울진군 근남면 불영계곡로 3631
054)783-0070

울진에서 불영계곡 방향으로 우회전하면 초입에 다소 시골스러운 이름의 돼지고기 장작구이 전문점이 눈에 들어온다. 700도가 넘는 센 불에 초벌구이를 한 터라 고기의 육즙은 살아 있고 기름이 빠지면서 참나무 향이 고기에 그대로 배어 코를 자극한다. 초벌구이를 한 고기와 밑반찬이 한 상 가득 나오면 상 가운데 재벌구이를 위해 본격적으로 참숯불을 피운다.

이 집은 소백산 기슭에 위치한 돼지농장에서 공급하는 쑥을 먹여 키운 암퇘지 생고기를 취급하는데 육질이 특히 부드럽고 잡냄새가 나지 않는다. 고기 외에 모든 음식은 안주인이 책임진다. 울진 성류굴 입구에서 평생 식당을 하며 지역에서 손맛을 인정받은 시어머니에게 노하우를 그대로 전수받았다. 고추장아치, 김치, 쥐포무침, 쌈무, 샐러드 등 밑반찬도 어느 것 하나 정갈해 보이지 않는 것이 없다. 6개월간 숙성시킨 후 이 식당만의 비법을 첨가해 만든 검은빛을 띠는 된장과 된장찌개, 새콤달콤 매콤한 소스 역시 입맛을 돋운다. 식당 인근에서 농사를 짓는 안주인의 노모가 공급해 주는 친환경 채소류 또한 상차림에 한몫을 톡톡히 한다. 고기를 맛있게 먹었다면 막국수가 제격이라는 주인 부부의 말을 믿고 막국수와 메밀국수도 후식으로 먹어 볼 만하다.

| 따라 걸어 보세요

행곡교회 교회길 산책은 행곡교회나 '민물고기 생태체험관'을 기점으로 잡아 왕피천 다리를 오가며 즐기는 것이 좋겠다. 체험관을 기점으로 잡은 것은 주차가 편하고 자녀 동반 시 볼거리를 제공하기 때문이다. 교회를 마지막으로 들르는 것은 교회문화재 및 성지 답사를 통해 교회길 산책의 하이라이트를 이룬다는 점에서도 권할 만하다.

1킬로미터 지점의 구미마을은 동구의 수백 년 된 은행나무와 향교, 자연 명소인 주천대가 볼거리다. 주천대 산길을 끼고 내앞마을로 향하는 길도 강변 산책의 묘미가 있다. 내앞마을은 왕피천 자연석을 이용해 축조한 담이 아름다운 곳이다. 정이품송과 같은 '처진 소나무'와 드라마 〈사랑한다 말해줘〉에 나왔던 대나무길도 이 마을에 있다. 마을 어떤 곳이든 카메라를 들이대면 그림이 된다. 총 4킬로미터, 도보 한 시간.

아름다운 교회길

° 내 앞마을 대나무길

아름다운 교회길

• 불영계곡 소나무

아름다운 교회길

아름다운 교회길

1908년 세워진
울진 지역 첫 교회
옛 한옥 예배당.
예배당 마루 밑에
피난처가 마련되어 있다.
갖은 박해를 피하고자 만들었다.

양동교회_경북 경주
행여 보일세라,
양반 마을 한편으로 꼭꼭 숨어 버린 걸까?

2010년 7월 유네스코 세계문화유산으로 등재된 경북 경주 양동마을. 조선시대 상류 주택을 포함해 양반 가옥과 초가 160호가 모여 있는 마을로 중요 민속자료이기도 하다. 무첨당, 관가정, 향단 등 보물 건축물이 셋이나 된다. 또 중국 고대 역사서 《통감속편》(국보 283호)을 이 마을 손씨 가문이 소장하고 있다.

어느 가을 날 주일 아침. 이 마을을 둘러싼 설창산 단풍이 기와와 초가지붕에까지 내려왔다. 세계문화유산 지정 이후 폭발적으로 늘어난 관광객은 이른 아침인데도 구름처럼 몰려 차량 통제가 힘들 정도였다. 수백 년 양반 마을은 아웃도어 신발에 흙길이 파이고, 그들이 떠드는 소리에 체통 지키기 어려워 보였다.

같은 시각 마을을 마주하고 오른쪽 비탈에 위치한 고가古家 이향정二香亭의 안채. 1695년 이 집을 지은 학자 이범중의 후손 이

어느 가을 날 주일 아침,
양동마을을 둘러싼 설창산 단풍이
기와와 초가지붕에까지 내려왔다.

동헌 장로 가족이 분주하다. 이 장로의 모친 정연갑 권사, 처 이태숙 권사, 서울서 친정 나들이 온 딸 신애 씨와 그의 어린 1남 1녀 등이 주일예배에 참석하기 위해 바삐 움직이고 있었다. 신애 씨의 남편은 목회자다.

그러거나 말거나 관광객들은 안채 사정을 모른 채 넓은 안마당까지 들어와 고건축의 아름다움에 감탄사를 쏟아 낸다. 여기저기서 고급 디지털카메라 셔터 누르는 소리가 새들을 쫓는다.

이 장로 가족은 가을 햇살을 듬뿍 받으며 걸어서 교회로 향했다. 행락객은 성경을 든 가족 일행이 낯선지 한 번 더 쳐다본다. 대체 이 고풍스러운 양반 마을에 걸어서 다닐 정도로 가까운 교회가 있단 말인가. 아무리 눈 밝은 사람이 찾아도 눈에 띄지 않을 것이다. 마을 안내 팸플릿과 표지판 어디에도 교회 표식은 없다.

오전 11시. 시편 146편으로 '예배의 부름'이 시작됐다. 양동마을 양동교회 주일예배가 행락객과 차량의 번잡스러움을 뒤로 하고 경배의 찬송, 성시교독, 신앙고백 등으로 이어졌다. 이 장로가 추수감사절을 앞두고 감사 기도를 올렸고, 담임 목사는 '은혜의 원동력'이란 제목으로 말씀을 전했다. 50여 명의 교인은 창문 하나 없는 철근콘크리트 예배당에서 말씀을 받았다.

양동교회 찾기란 보물찾기와 같다. 분명 마을 안에 있는데 보이지 않는다. 2007년 마을 한복판에 있던 교회가 지금의 마을 입구로 나앉으면서부터다. 경주시가 2005년 무렵부터 추진한 마을 원형 복원 사업에 따라 꼭꼭 숨어야 하는 '카타콤' 처지가 되고 말았다.

"하얀 벽에 붉은 지붕을 인 작고 아담한 교회였어요. 철제 종탑이 있었고요. 우리 어머니 세대가 마을 앞 형산강가에서 벽돌을 찍고, 손수 날라다 지었어요. 얼마나 튼튼하게 지었던지 1991년 태풍 글래디스에도 견뎠지요. 물에 잠겼는데도 헐기 직전까지 금 하나 가지 않았어요."

이 장로가 평생을 함께했던 옛 예배당은 경주시, 문화재청, 마을 여론에 밀려 2007년 마을 입구 양동초등학교 뒤쪽 강가에 자리 잡았다. 교회 설립 50년 만의 일이었다. 담임 목사가 그때의 일을 차분하게 얘기했다.

"교회가 마을 경관에 저해된다는 이유였습니다. 한옥 교회를 짓겠다고 했지만 그마저도 허가를 안 해주는 겁니다. 마을을 떠나 한 4킬로미터 떨어진 안강읍으로 이전하면 어떻겠느냐는 얘기도 들었죠. 교회가 모든 걸 양보해도 그건 아니다 싶었습니다. 교인과 임직이 기도를 참 많이 했습니다. 하나님께 무슨 뜻이 있어서 일거라고 생각했습니다."

누군가 이전을 반대하며 더 버티면 정부나 시로부터 많은 걸 얻을 수 있지 않겠냐고 부추겼지만 담임 목사는 '교회가 그럴

수는 없는 일'이라고 잘랐다. 그리고 시골 교회 교인들은 농사지어 모은 성전 건축 기금과 이전 사업비 등을 합쳐 교회 설립 50주년 기념교회로 헌당했다.

"제일 아쉬웠던 건 옛 교회를 보존하지 못한 겁니다. 문화재위원조차 건축적 보존가치가 있다고 평가했어요. 수백 년을 살아남은 건축이 '양동마을'이 됐듯이 세월이 흐르면 교회 건물도 문화재가 되는 거 아닙니까. 이것이 역사 유산이고요. 오늘만 보는 여론이 무섭더군요."

동네 사람을 붙잡고 물어야만 찾을 수 있는 양동교회는 삼각자를 세워 땅속에 박아 놓은 모양이다. 마치 벙커를 연상케 한다. 건축가는 이를 극복하기 위해 흑색 벽돌과 노출콘크리트로 현대 건축의 미학을 살리려 애썼다. 나치의 유대인 학살 만행을 기억하기 위해 세운 독일 남부 도시 디하우의 '화해의 교회' 같다. 화해의 교회는 수난의 기억을 넘어 용서와 화해를 주제로 지어진 노출콘크리트 건물이다.

그러나 양동교회는 외부의 시선을 의식해 꼭꼭 숨겨진 교회다. 마을 정비 사업을 이유로 가뜩이나 낮은 반지하 형태의 교회를, 양동마을 정비사업 주체가 소나무 등 아름드리로 마치 방풍림을 쌓듯 감춰 버렸다. 그루당 300만 원, 총 1억 원의 조경 비용을 단지 교회가 드러나지 않게 하기 위해 사용했다. 교회건축 사상 유례없는 일이 벌어진 셈이다. 때문에 양동마을에선 반세기 넘은 교회가 보이지 않는 것이다.

"가문에 대한 자부심이 대단하신 분들이라 전도가 쉽지 않습니다. 문중 제사도 쉼 없고요. 하지만 이제는 바깥 분들 돌아가시면 출석하시는 안주인 교인이 꽤 됩니다. 최근 유림 전통에 완고하신 어르신 두 분이 세례 받고 별세하기도 했습니다."

담임 목사는 "밖에서 교회 다니던 분들도 정작 마을에 살게 되면 집안 어른 눈치 보느라 나오지 않는 독특한 정서"라고 덧붙였다.

다행인 점은 선비 정신이 살아 있어 마을 사람들이 경청은

한다는 것이다. 이 마을 출신 이진동 여전도사가 1950년대 말 천막교회를 세웠을 때 마을 어른들은 헛기침으로 불편한 심기를 드러냈으나 쫓아내진 않았다. 그 정서는 오늘날까지 양동마을 주민이 가진 덕목이다. 10년 전에 비해 교인이 배가된 것도 이와 무관하지 않다.

이동헌 장로와 손수혁 장로도 이 마을 출신이다. 양대 명문가이면서도 구원의 확신으로 예수를 믿고, 지혜로 하나님의 몸인 교회를 지키고 있는 이들이다.

"이제야 하나님 뜻을 알게 됐습니다. 이처럼 몰려드는 관광객에게 문화 선교를 하라고 예비하신 겁니다. 갤러리 운영과 음악회 등을 통해 전도할 겁니다. 마을교회에서 세계교회로 내놓으신 하나님이셨습니다."

양동교회
경북 경주시 강동면 양동마을길 121-19 054)762-4152
고속철도(KTX) 신경주역이 개통되면서 양동마을은 서울에서 반나절 관광지가 됐다. 역 앞에 30여 분 거리인 마을 입구까지 가는 좌석 및 입석 버스가 시간당 두세 대꼴로 있다. 교회는 양동초등학교 뒤에 있다.

| 추천 맛집

거림골식당
경북 경주시 강동면 양동마을길 136
054)762-4201

"양동마을은 볼거리는 많은데 먹을거리가 전혀 없네."

양동교회 장세주 집사는 20여 년 전 이곳 양반촌을 찾은 관람객의 스쳐 가는 소리를 들었다. 어려서부터 친정에서 큰손님을 많이 치러 봤고 양반집에 시집와서는 문중 대대로 내려온 반가 고유의 음식 비법도 익힌 터라 체면을 중시하는 남편을 끈질기게 설득해 반년 만에 마을 입구에 토속음식점을 차렸다.

음식 맛은 장맛이라는데 식당 초입부터 안마당까지 옛 향기가 배어 있는 제각각의 된장 항아리가 빼곡하다. 매년 가을이면 최고 품질의 해콩을 구해 오랜 경험으로 발효시켜 된장과 청국장을 만든다. 여기에다 신선한 채소와 손맛을 더해서 끓여 낸 된장찌개, 청국장찌개는 깔끔하면서도 깊은 맛을 낸다. 경상도 음식은 대체로 짜고 매운 편인데, 이 식당은 소금을 적게 넣어 찌개는 물론 김치 등 밑반찬까지 삼삼하면서 시원하다. 찌개와 함께 나오는 반찬 중에 보리, 쌀, 밀, 콩 등 곡식을 갈아 쪄서 찹쌀가루에 무, 가지, 고추, 박, 죽순, 우엉, 버섯, 부추 등을 넣고 버무려 발효시킨 '집장'은 단백질이 풍부하고 소화가 잘돼 예전에는 머슴 밥상에는 내놓지 않았다고 한다.

콩가루를 섞어 즉석에서 면을 뽑아 끓여 낸 고소한 칼국수, 양념장이 특별한 잔치국수 등도 자랑이다. 며느리 이영옥 집사와 함께 빚어 낸 한과와 약과, 쌀엿도 별미. 직접 담근 된장을 구입하려면 한 해 전부터 서둘러야 한다.

아름다운 교회길

아름다운 교회길

세계문화유산 양동마을
관광객 발길이 끊이지 않는다.
마을 한복판에 있던 교회는
마을 원형 복원 사업으로
외곽으로 밀려났다.
반지하 형태의 건물,
그것도 아름드리나무로 가렸다.
그래도 주일이면 기도 소리가 우렁차다.

가북교회_경남 거창
눈 덮인 지리산 자락, 역사의 상처를 보듬고

 지리산 자락 지방도로, 경운기 한 대가 느릿느릿 움직였다. 뒤에 차가 있음을 뒤늦게 안 노인이 먼저 가라며 손을 앞뒤로 휘젓는다. 고맙다는 인사를 하고 앞지른 뒤에도 노인은 주름 팬 손을 내리지 않았다. 이번엔 맞은편에서 차가 들어왔다. 길 양쪽 끝에서 서로 먼저 가라고 손짓하며 한참을 서로 기다렸다. 운전자는 큰 소리로 웃으며 "고맙소" 외쳤다. 웃음이 밝았다. 교회로 가는 길이 아름다웠던 건 경치, 그리고 따뜻한 인심 때문이다.
 경남 거창군 가북면 우혜리. 가북교회의 십자가가 우뚝 솟은 곳이다. 교회는 별유산과 보해산 사이에 꼭꼭 숨어 있었다. 아무리 찾아도 보이지 않던 교회는 산모퉁이를 돌자 붉은색 자태를 드러냈다. 교회 앞 논밭은 한 해 농사의 새로운 시작을 기다리고 있었다. 고사리를 키우는 밭이었다. 봄여름이면 온 교회에 고사

리 향이 흘러넘친다. 이곳은 지리산, 덕유산, 가야산 등 세 국립공원의 중간 지역이다.

2층 예배당에 들어섰다. 이날따라 따사로웠던 햇살이 창문을 넘어 예배당에 퍼졌다. 하나님의 사랑이 교회 안에 충만한 느낌이었다. 예배 시간 내내 40여 명 교인의 얼굴엔 웃음꽃이 떠나지 않았다. 몸을 잘 가누지 못하는 노인부터 다섯 살 어린이까지 모두 담임 목사의 설교에 귀를 세웠다.

오전 예배가 끝난 뒤 1층 식당에서 점심식사를 나눴다. 한 장로님이 큰 접시에 밥을 한가득 담아 줬다. "많이 먹는 게 나라 사랑하는 것이여." 차린 게 없다며 미안해했지만 밥과 반찬은 교회 앞산처럼 높았다. 교인들은 앞 사람, 옆 사람 접시에 반찬을 얹었다. 외부인에게만 인심이 후한 게 아니었다.

거창 지역에 복음이 전해진 것은 1904년이다. 그해 가을 박순명, 김종한 등 열 명이 미국 선교사로부터 복음을 듣고 고제면 개명리교회에서 예배를 드리기 시작했다. 이후 1906년 가조면 마상리교회(현 가조교회), 1907년 남하면 가천교회, 1909년 신원면 와룡리교회 등이 잇따라 세워졌다.

가북교회가 세워진 건 1934년 10월 14일이다. 최성환 전도사가 마을 주민 백남순의 집을 빌려 첫 예배를 올렸다. 최 전도사는 이듬해 세 칸짜리 초가 예배당을 지금 자리에 지었다. 교회 요

거창 양민학살 사건 추모공원

람은 "일제시대, 어둡고 암울한 시기였지만 하나님을 향한 초가교회의 부르짖음은 온 동네에 울려 퍼졌다"라고 기록했다. 교회는 이후 76년간 세 번의 성전 건축을 거치며 세월의 풍파를 견뎠다.

교회는 한국 현대사의 비극인 거창 양민학살 사건을 가까이서 지켜본 산증인이기도 하다. 한국전쟁 중이던 1951년 2월 10일과 11일 인근 신원면에서 대규모 양민학살이 일어났다. 중공군의 개입으로 1·4후퇴가 시작된 뒤 빨치산 공세가 강화됐는데 국군은 신원면 주민이 공비와 내통했다는 이유로 중화기를 난사

했다. 당시 국군 11사단 9연대 3대대는 10일 136명, 11일 527명 등 총 663명을 죽였다. 골짜기에 피가 넘쳤고 이웃을 잃은 주민의 눈에서는 눈물이 마르지 않았다. 김재원 장로의 기억이다.

"낮에는 국군이 밥 달라 하고 밤에는 인민군이 산에서 내려와 밥 지으라고 협박을 했지요. 뭐 할 수 있는 게 있나. 밥 내놓지 않으면 죽이겠다는데……. 윗동네 할머니는 빨치산이 밥 내놓으라고 해서 줬더니 다 먹고 총으로 쏴버리는 바람에 돌아가셨어. 다 억울하게 죽은 거지."

교회 앞 고사리밭 샛길은 예전 국군과 인민군이 낮과 밤을 달리해 마을을 드나들던 길이기도 하다. 김 장로가 당시를 떠올렸다. "기도밖에 할 게 더 있었겠어. 죽지 않게 해달라고, 교회 무너지지 않게 해달라고 매달렸지. 결국 하나님의 사랑으로 교회를 지킨 거야."

그는 교회 앞으로 나가 당시 인민군이 내려왔던 길을 손으로 가리켰다. 길 건너 별유산의 능선 사이가 주요 루트였다. 아직 눈이 쌓여 있는 산에서 이 사건을 다룬 김원일의 소설《겨울 골짜기》의 음산한 기운을 느낄 수 있었다. 이 소설은 반전과 휴머니즘의 시각으로 전쟁과 분단의 비극을 환기한 작품이다. 이곳 60대 이상의 노인은 소설 속 비극적 상황을 실제로 겪었다. 당시를 생각하면 지금도 몸서리가 쳐진다고 했다. 마음속 상처를 극복할 수 있었던 힘은 오로지 신앙이었다.

교인들과 이야기를 나누면서 흥미로운 것은 토속어와 사투리가 말에 녹아 있는 모습이었다. "김 집사는 왜 이리 눈을 슴벅이는가(눈을 떴다 감았다 하는가)?" "교인 몇 분이 안 오시니 허우룩혀(마음이 텅 빈 것 같아 허전하다)." 소설 《겨울 골짜기》는 지역 토속어와 사투리를 써 현실감을 더한 것으로 유명하다. 그 단어를 직접 접할 때의 매력과 신선함, 이루 말할 수 없는 것이었다.

지금의 성전은 2007년 4월 8일에 세워졌다. 전도가 잘되냐고 묻자 교인들의 표정이 어두워졌다. 기독교가 들어온 지 백 년이 넘었지만 거창의 기독 인구는 6천여 명에 불과하다. 복음화율 8퍼센트다. 염길생 장로는 전도에 어려움이 크다고 토로했다. 담임 목사는 그 원인으로 대형 사찰의 존재를 꼽았다.

"불교문화권이잖아요. 30킬로미터만 더 가면 합천 해인사가 있습니다. 높은 산으로 둘러싸여 있고, 산세가 험하다 보니 신내림을 받아 무당이 되는 사람도 많고요. 큰 사찰이 주변에 많다는 것은 그보다 규모가 작은 절이 인근 이곳저곳에 생긴다는 말입니다. 영적으로 어두워질 수밖에 없는 구조죠."

실제로 교회길 주변에 절과 암자가 산재했다. 하지만 교인들은 희망을 잃지 않는다. 하나님의 기적이 여기저기서 나타나고 있기 때문이다. 염 장로는 2004년 뇌졸중으로 몸의 왼쪽이 마비됐

으나 "제가 쓰러지면 성전 건축은 누가 합니까. 고쳐 주옵소서"라고 기도한 뒤 완전히 회복해 교회건축을 마무리했다.

　노을년 집사는 교회에 출석하기 전 남편 강쌍규 집사의 알코올중독으로 마음고생을 했다. 다섯 번에 걸친 수백만 원짜리 굿도 효험이 없었다. 죽음을 눈앞에 뒀던 강 집사는 "마지막으로 갈 데가 한 군데 남았다. 교회 가자"며 이 교회길을 밟았다. 이들에게 이 길은 하나님 역사의 길이고 기적의 길이다.

　교인들과 인사를 나누고 교회를 떠날 때 사모가 급히 뛰어

나왔다. 양손에 비닐 봉투를 들고 있었다. 거창 사과와 강냉이가 한가득이었다.

가북교회
경남 거창군 가북면 우혜2길 55-2 055)942-2004
거창버스터미널에서 북부주유소를 바라보고 10분 정도 걸은 뒤 새천년약국 앞에서 서흠여객버스를 타면 된다. 가북면사무소 정류장에서 내려 5분 정도 걸으면 교회가 보인다.

| 추천 맛집

정희오리불고기
경남 거창군 거창읍 공수들2길 5
055)942-2388

88올림픽고속도로 거창 나들목을 빠져나와 3킬로미터 지점, 거창읍사무소 뒤 상동지구에 시누이와 올케가 운영하는 오리주물럭 전문점이 있다. 김정희 씨가 주방을, 인심 좋게 생긴 김 씨의 올케 석미자 집사가 밑반찬 및 손님 식탁을 챙긴다. 김 씨가 수년간 공들여 개발한 소스와 신선한 재료, 알맞게 숙성된 오리로 버무린 주물럭은 이 집의 대표 요리다. 먼저 오리탕에 찹쌀과 팥, 녹두, 인삼, 부추, 흑미, 흑깨, 당근을 넣고 끓여 낸 영양죽으로 속을 달랜다. 고기가 익으면 송이, 느타리, 팽이버섯과 부추, 냉이 등 채소를 고기와 함께 먹는데 그 맛이 일품이다. 오리불고기는 자작하게 졸여지면서 진가를 발휘한다. 오리 특유의 부드러우면서도 차진 고기에 양념이 진하게 배어들어 감칠맛과 향이 입 안에 감긴다. 오리고기는 불포화지방산이라 탈이 나지 않고 건강에 이롭다. 고기를 먹고 나면 남은 양념에 밥과 김, 송송 썬 깻잎, 묵은 김치를 넣고 비벼 먹을 수 있다. 오리뼈를 고아 우려낸 곰탕은 감기와 피부 미용에 좋다고 한다. 청정 지역인 이곳에서 생산된 배추와 무로 담근 김치는 그야말로 최고의 반찬이다. 석 집사의 정성이 담긴 다른 밑반찬 역시 하나같이 야무지다. 채소파동 때도 푸성귀를 넉넉히 상에 올려 단골손님이 더욱 늘었다. "식당을 그대로 들고 대구나 서울로 나가도 대박 나겠다"는 손님들의 칭찬에 두 사장은 지금 행복한 고민 중이다.

아름다운 교회길

● 용산 숲

1934년 10월 14일
주민 집을 빌려 드린 첫 예배.
현대사의 비극
거창 양민학살 사건을
지켜본 산증인
절과 암자가 산재한
불교문화권에서도
희망을 잃지 않는다.
교인들은 기적을 보았다.

청암제일교회_경남 하동
지리산 자락마다 섬진강 구비마다 '축복 만개'

시절이 좋았다.

경남 하동 청암제일교회의 봄날은 하늘하늘대는 축복이 만개해 있었다. 어느 풀 한 송이엔들 생명의 면류관을 얻지 않은 것이 없었다. 4월 초 하동군 청암면 상이리 봄은 격정을 인내한 사랑이 불붙은 듯한 꽃잔치였다.

서울 남부터미널에서 출발한 버스가 전남 구례읍을 지나면서 마주한 봄 풍경은 섬진강변을 따라 쉼 없이 펼쳐졌다. 섬진강을 사이에 둔 구례 사람이나 하동 사람 모두 강변에서 화무십일홍을 즐겼다. 더구나 외지에서 온 관광객은 '품바' 복장의 엿장수 가위 가락에도 어깨춤을 들썩였다. 버스가 노랫말로 유명한 화개장터와 소설《토지》의 무대 평사리를 지나 하동읍에 닿을 때까지 섬진강과 지리산은 봄의 교향곡을 쏟아 냈다. 그것이 남도의

청암제일교회의 봄은
'육체는 풀과 같고 그 모든 영광은
풀의 꽃과 같다'(벧 1:24)는 말씀을 그대로 보여 줬다.
남도 봄의 속살은 신앙 안에 있을 때
군더더기 없이 드러났다.

봄을 즐기는 격정의 끝인 줄 알았다.

그런데 상이리 청암제일교회의 봄은 '육체는 풀과 같고 그 모든 영광은 풀의 꽃과 같다'(벧 1:24)는 말씀을 그대로 보여 줬다. 남도 봄의 속살은 신앙 안에 있을 때 군더더기 없는 풍경을 보여 준 것이다.

청암제일교회는 지리산 천왕봉 아랫녘 청학동을 윗마을로 두고 섬진강 옆 지리산 자락 하나를 넘어 안쪽에 위치하고 있었다. 소위 도인촌으로 불리는 청학동은 유도^{儒道}가 유달리 강한 지역으로 근자 들어 예절학당으로 유명세를 떨치고 있다. 방학마다 전국 각지에서 많은 초·중·고생이 예절학당 프로그램에 참여하면서 교육 자본과 상업 자본이 합해져 시전처럼 번잡해졌다. 여기에 무속과 타 종교가 힘을 얻으면서 거대 한옥식 콘크리트 건물이 깊은 지리산 계곡 사이사이에서 남생이 목 드러내듯 했다.

이러한 가운데 청암제일교회가 복음의 일선에서 힘겹게 공동체를 유지하고 있다는 것만으로도 반가운 일이었다. 따라서 예배당의 규모, 교인 수, 역사성 등을 따지는 것은 무의미했다. 예배당은 블록을 쌓고 시멘트로 마무리한 전형적인 시골 교회였다. 바람이 숭숭 드나들 것 같은 예배당 옆 사택 역시 다르지 않았다. 험준한 지리산 자락이다 보니 이마저도 산등성을 깎아 내어 건축한지라 지반이 불안정했다. 요즘 같으면 콘크리트 타설로 반석을 이뤘겠으나 시골 교회 형편상 쉽지 않았다.

　이 교회가 봉헌된 것은 1985년. 그 무렵 교회 아래 하동댐 공사가 진행되면서 모교회도 수몰 지역에 포함됐다. 여섯 개 자연부락 2백여 가구가 수몰됐다. 교인 대부분은 댐 아래 청암면사무소 소재지의 청암교회로 이전했다. 이 바람에 시목마을을 포함한 댐 윗마을 교인의 교회 출석이 쉽지 않았다.

　이때 수몰 지역 몇몇 교인 등이 지금의 청암제일교회 교육관으로 쓰이는, 당시 교인 집에서 가정예배를 드리기 시작한 것이 청암제일교회의 시작이었다. 유·불·선 색채가 유난한 이곳에서 유복남 권사 등이 새벽 제단을 쌓으며 '죽으면 죽으리라'는 심정으로 신앙생활을 했다. 한국 사회에서 무에 그리 절박한 심정으로 신앙생활을 할까 싶지만 제사를 기반으로 한 씨족사회에서 예수를 믿는다는 것은 사막에 버려진 과부나 고아의 신세를 자청하는 것이나 다름없다. 이 지역 복음화율 3퍼센트가 그 어려움을 말해 준다.

　지금이야 도로가 포장되고 산을 넘는 도로가 뚫려 적잖은 관광객이 몰리지만 그 무렵만 해도 산에 막혀 돌아 나가야 하는 전형적인 산촌이었다. 하동읍까지 24킬로미터, 걸어서 여섯 시간 거리의 심심산골이었다. 교인 서너 명에 불과한 이러한 산촌에 목회자를 청빙하기도 쉽지 않았다. 전도사가 부임하더라도 얼마 버

티지 못하고 바뀌기 일쑤였다. 전도는 고사하고 신앙 지키기도 힘든 상황이 지속됐다. 1994년 이래 손용우 목사가 양들을 떠나지 않고 음부의 권세가 이기지 못하는 지역교회로 자리 잡았다.

"워낙 노인 비율이 높고 완고한 지역이라 주변에서 걱정을 많이 해주십니다만 목회자로서 행복하다고 생각합니다. 대적할 만한 힘을 주님께서 주셨다고 봐요. 30여 명의 교인도 저와 같은 생각입니다."

당시 전도사였던 손 목사는 "지리산 자락 주민 영혼 구원을 위해 한평생을 바치겠다"고 기도했다. 문화적 혜택을 따져 옮기는 일은 없을 것이라고 다잡았다.

"제가 부임하기 전 경남 양산 평산교회 전도사로 있으면서 이 마을 학교(상이분교)에 수련회를 왔어요. 그 후 신학교(대구신대) 동기가 단독 목회를 해보지 않겠냐며 권해 방문하게 됐는데 바로 이 마을의 청암제일교회였던 겁니다. 오기까지 인간적 고뇌가 많았지요. 평생 그 지역에서 헌신할 수 있는가를 놓고 작정 기도한 끝에 왔습니다."

사회복지사로 청암면 푸른빛지역아동센터장을 맡고 있는 조유순 사모는 어땠을까?

"우리나라 전도사가 당신 혼자냐. 그 외진 곳에 왜 당신이 가야 하냐. 나는 공부도 해야겠고, 돈도 벌어야 한다고 했어요. 목사님은 예나 지금이나 내가 싫다고 하면 안 하는 분이세요. 그런데 그때 딱 한 번 단호하시더라고요. 더 억울한 건 제가 일주일 만에 산촌 생활에 적응하더라는 거예요."

사모의 유쾌함에 남편이 빙긋이 웃었다. 신학교 시절 부부는 매우 가난했다. 아내가 부산 자유시장서 김밥을 팔아 남편 공부를 시켜야 했을 정도로 말이다. 그런 부부가 이곳에 들어와 마을 사람들을 위해 들일을 하다 쯔쯔가무시병(털진드기유충증)에 걸려 가며 전도를 했다.

"십여 년이 지나니 비로소 이 마을 사람으로 인정해 주더군요. 그만큼 복음 전하기가 쉽지 않다는 얘기이기도 합니다. 더구나 농어촌 현실이 대부분 그렇지만 70퍼센트가 조손가정 등으로 절박한 기도 제목을 안고 있어요."

손 목사는 2009년 12월 이곳 상이리 이장에 추대됐다. 유·불·선 동네에 목사 이장은 기적 같은 일이다. 또 하나, 그는 푸른빛지역아동센터 대표다. 아동센터 어린이 대부분은 주일학교 학생이다. 윗마을 아랫마을 어린이 열일곱 명이 주일학교에 다니는 것은 100퍼센트 전도나 다름없다.

"우리 아이가 초등학교 때 이곳에 들어왔는데 20대 후반 신학대학원 준비생이 됐습니다. 아들이나 주일학교 아이들처럼 다음 세대가 기도 릴레이를 하는데 부족한 것이 뭐 있겠습니까."

손 목사 부부는 요즘 아동센터를 놓고 기도 중이다. 손 목사가 신학교 시절 수련회를 왔던 상이분교를 임대해 아동센터를 열었으나 운영이 쉽지 않다. 자비량이나 다름없기 때문이다. 여기에다 청학동 유·불·선 식 예절학당 교육이 안타까워 '청학동 산촌유학센터'도 운영 중이다. 산촌 목사에게 버거울 만도 한데 표정은 늘 온화하다. 아동센터 주방 아줌마에서 교사까지 1인 다역을 하는 사모도 마찬가지다.

교회와 아동센터는 지금 산수유, 매화, 벚꽃, 명자꽃, 진달

마을 이장이기도 한 목사님

래, 제비꽃 등이 만화방창이다. 태초에 말씀이, 말씀 속 교회가, 그 교회의 목사가, 그 목사의 교인이, 그 교인의 가정이, 그 가정의 후손이 이 봄처럼 예쁘다. 섬진강과 지리산을 낀 봄 교회였다. 하나님이 입히시는 들풀과 들꽃이었다.

청암제일교회
경남 하동군 청암면 마당재길 52-12 055)882-7230
하동터미널에서 청학동 가는 버스가 세 시간마다 한 대씩 있다. 30분쯤 달려 상이리에 하차하면 마을이다.

| 추천 맛집

풀잎하우스
경남 하동군 청암면 청학로 1605-19
055)882-3674

늦은 저녁을 맛있게 먹고 황토온돌방에 누워 창문을 여니 하늘에서 쏟아져 내리는 별들과 투명하게 부서져 내리는 계곡 물소리, 코끝에 와 닿는 봄 내음에 온몸의 긴장이 녹아내린다. 경남 하동군 청암면 지리산 청학동 계곡 아래, 청암제일교회 김인숙 권사 부부가 운영하는 황토벽돌 펜션이 자리한다.

서울에서 중소기업을 운영하던 조선일 집사는 부인이 몇 차례 큰 수술을 받으면서 물 맑고 공기 좋은 곳에서 살고 싶다는 말에 아무 미련 없이 사업을 접고 2008년 이곳에 정착했다. 집 마당 앞 계곡에 사계절 풍족히 흘러내리는 청정수 사이로 널려 있는 맥반석의 넓적한 바위에 누워 싱그러운 공기와 함께 150미터 암반수를 뚫고 올라온 생수를 마시면서 김 권사는 수술 후유증도 말끔히 걷어 냈다. 천안에서 대형 뷔페식당을 운영했던 김 권사가 추웠던 지난겨울을 이겨 낸 취나물, 두릅, 원추리, 고사리, 냉이 등으로 버무려 낸 봄나물을 주 메뉴로 밥상을 한상 가득 냈다. 새소리, 물소리, 흙 내음, 풀 내음 더불어 야외에서 구워 먹는 참숯 바비큐 역시 오래도록 기억에 남을 만하다. 외가에 온 듯 편안하게 대해 주는 주인 부부의 넉넉함은 덤이다. 다슬기잡이, 친환경자연체험, 낚시, 삼림욕을 즐길 수 있고 찜질방, 수영장 시설이 갖추어져 있다. 두세 명에서 단체까지 묵을 수 있게 객실엔 주방 시설이 설치되어 있다. 청암제일교회에서 차로 5분 거리다.

아름다운 교회길

* 최참판댁 전경

아름다운 교회길

읍내까지 24킬로미터 심심산골
청학동을 윗마을로 둔
유·불·선 색채가 유난한 마을
복음의 일선에서
작은 시골 교회는
힘겨운 공동체를 유지한다.
기도는 뒷산 매화처럼 활짝 폈다.

중부교회_부산 중구
영화 〈변호인〉의 인물들 낳은 책방 골목 교회

부산 보수동 헌책방 골목을 한가하게 걸으며 기웃거렸다. 햇살이 묵은 책 위로 내려앉았다. 닳은 책방 문턱은 세월의 흔적을 말해 준다. 오가는 사람들의 아비, 그 아비의 아비도 바로 이 골목을 지나며 삶의 의지를 다지곤 했을 것이다. 그 아비들은 가난했으므로, 묵은 책을 구해 산동네 판잣집으로 돌아가 낮은 촉수 등불 아래 공부하고 또 공부했다. 삶은 구차했으나, 정신만은 점점 또렷해지던 시절이었다.

책방 골목은 가로 길이었다. 그리고 그 가로 길과 닿은 세로 길은 가파른 계단 길이었다. 부산 특유의 지형은 이 책방 골목을 기준으로 갯가 동네와 산동네로 나누었다. 가파른 해안은 그만큼 수심이 깊다는 걸 의미하고, 수심이 깊을수록 대형 선박이 정박하기 좋았다. 6·25 전쟁 전만 하더라도 부산 사람 대개는 갯가 동네서 살았다. 지금처럼 엄청난 물동량이 있었던 것도 아니었고, 크루즈선의 개념조차 모르던 시대였다.

책방 골목에서 계단 몇 개를 오르면 멀리 영도가 보이고, 가까이 자갈치시장이 있다. 자갈치시장은 일제강점기 남포동과 충무동 일대에 형성됐다. 개항지 부산은 그렇게 '근대'를 받아들였고, 사해를 향한 관문이 되었다.

그리고 1945년 해방이 됐다. 부산 시민은 자유를 만끽했고, 자갈치시장은 활기에 넘쳤다. 그러나 그도 잠시, 전쟁이 한반도를 덮쳤다. 북한군은 눈 깜짝할 사이에 남한 대부분을 점령했다. 한국군과 연합군은 낙동강 전선을 최후 보루 삼아 싸웠다. 피난민은 모두 남으로, 남으로 향하다 그 끝자락 부산으로 몰렸다. 임시정부도 부산으로 왔다. 학교도 부산으로 내려와 천막학교로 문을 열었다. 학생들은 전쟁 중에도 공부를 게을리하지 않았다. 보고 난 책을 팔아 끼니를 연명하며 죽음과 가난, 고통을 이겨 냈다.

그들의 책이 집산된 곳이 지금의 보수동 책방 골목이다. 공부만이 구원이었던 시절, 책방 골목은 그렇게 번성했다. 학생과 지식인이 자주 찾았던 1960-70년대는 70여 개의 헌책방이 몰려 상가를 이뤘다. 신학기라도 되면 책방 골목은 학생들로 인산인해였다.

다른 이들이 낙서한 참고서인들 어떠랴. 3분의 1쯤 물 먹은 책인들 어떠랴? 그저 활자가 보이고, 그 활자가 머릿속에 박히면 훌륭한 경전이 됐다.

전후 60여 년이 지난 지금, 책방 골목은 '지켜야 할 문화유산'이 되어 연명하고 있다. 서울 청계천 헌책방이 패션 의류에 밀려 사라졌으나 보수동 책방은 여전히 남아 있다. 책방 숫자는 전성기 반 정도에 지나지 않을 만큼 줄었다.

그러나 책들은 여전히 총채를 손에 쥔 주인장에 의해 관리되고 있다. 책방 사이사이 빈티지 카페가 어우러지면서 새로운 문화 공간으로 자리매김한다는 것이 다행스럽다.

한 책방에 들러 이문열 소설 《사람의 아들》을 샀다. 1990년 10월 17판이다. 《사람의 아들》은 1979년 6월 15일 판이 초판이다. 17판 정가는 4,000원이었다.

1979년 겨울, 고교 졸업을 앞두고 교회 선배들의 권유로 《사람의 아들》을 읽었다. 그로부터 30여 년이 지났어도 서재에 보관하고 있다는 것이 스스로에게 자랑스러웠다. 이날 산 17판은 시대에 대한 내 나름의 헌사였다.

'야훼께서는 침묵하고만 계시지 않으셨다. 많은 말씀과 율법을 주셨고 더 많은 선지자와 의인들이 우리들의 선한 의지를 북돋우러 왔었다.'

무심코 펼친 면의 한 문장이 눈에 띄었다.

책을 백팩에 넣고 세로 길 첫 계단을 밟고 눈을 들었을 때 교회 건물이 하늘을 배경으로 눈에 들어왔다. 첨탑 맨 꼭대기 성스러운 십자가가 맑은 하늘에 우뚝하다. 고딕 양식의 창문 위로 파란 바탕에 흰 글씨로 '중부교회'라고 되어 있다. 1960-70년대 한국 교회건축 양식인데 리모델링을 거친 듯하다. 그럼에도 원형의 틀이 살아 있어 소박한 교회건축의 아름다움이 배어 있다. 이 교회가 바로 부산의 예언자적 양심을 대변하는, 즉 부산 기독교 민주화운동의 중심 중부교회다.

1980년대 초반. 신군부의 억압이 극에 달했을 때 양심 세력들은 탄압을 피해 속속 교회로 찾아들었다. 또 대학생들은 교회 청년부나 대학부 예배에 참석해 '로마 권력'에 저항하며 기도했다.

1981년 9월. 부산에서는 훗날 '부림 사건'으로 명명된 용공 조작 사건이 발생한다. 당시 공안 당국은 부산 지역 양서협동조합을 통하여 사회과학서 독서 모임을 하던 학생, 교사, 회사원 등을 영장 없이 체포하여 불법 감금하고 고문 등을 자행한다. 이들의 죄목은 '이적 표현물 학습'과 '반국가단체 찬양 및 고무'였다. 독서 모임에서 몇몇이 보수동 헌책방에서 샀음직한 책으로 공부를 하고 정부 전복을 꾀했다는 것이다.

이 용공 조작 사건에 연루된 20여 명 가운데 상당수가 중부교회 출신 청년들이었다. 이때 변론을 맡은 사람이 고 노무현 변호사(전 대통령)와 이흥록 변호사다. 영화 〈변호인〉의 배경 사건이기도 하다.

그리고 이듬해 부산 대청동 미 문화원 방화 사건이 발생하는데 이 사건의 주모자 문부식, 김은숙 등도 중부교회에 출석했던 것으로 알려져 있다. 그만큼 중부교회는 한국 현대사의 예언자적 공간이었다.

한 장의 흑백사진은 묘한 울림을 준다. 1959년 어느 날 찍은 중부교회 사진이다. 지금의 보수동 책방 골목 가로 길에서 계단이 시작되고 33계단을 오르면 오른쪽으로 공사 중인 교회 문이 있다. 사진 속에선 벽돌교회 건축이 한창이다. 지금의 리모델링한 중부교회 원형이 담겨 있는 사진이다.

한데 그 계단마다 부녀자와 어린이들이 분주하게 오간다. 저마다 벽돌을 안거나 머리에 이었다. 원피스를 입은 어린이는 힘에 부칠 만큼의 벽돌을 머리에 이고 또래 친구와 이야기하고 있다. 한 여신도의 무거운 벽돌을 대신 받는 흰 와이셔츠를 입은 남성, 벽돌을 앞으로 안은 까까머리 중학생도 보인다. 교회 창으론

맥고모자를 쓴 인부들이 사진 찍는 걸 의식한 듯 허리춤에 손을 대고 카메라를 응시하고 있다. 신축 중인 교회 건물 옆쪽으로 판잣집이 자리했다. 사택인 듯하다.

그리고 석축 아래에 도시락보를 든 소년과 동네 아저씨, 아주머니 등이 부산히 계단을 오르내리며 성전 공사를 하는 교인들을 구경하고 있다. 지금의 책방 골목 자리에서 말이다. 책방 골목은 흙길이고 그들은 검정 고무신을 신었다.

그리고 또 한 장의 사진. 그해 교회를 완공하고 찍은 기념사

진인 듯싶다. 벽돌 건물 외벽은 시멘트를 발라 깔끔해졌고 '중부교회'라는 간판이 정문 쪽엔 가로로, 옆쪽엔 세로로 걸렸다. 책방 골목에서 보면 세로 간판이 보인다. 교인들은 철거된 판잣집 사택 자리에 모여 저마다 카메라를 향해 얼굴을 내밀었다. 교회 2층 본당 창가마다 두세 명씩 얼굴을 내밀고 있다. 심지어 첨탑 창에서도 포즈를 취했다. 그렇게 오늘의 중부교회가 헌당된 것이다.

중부교회 역사는 전쟁의 상처가 짙게 배어 있던 1957년 3월 시작됐다. 부산 대청동 옛 만화당 예식장 자리에서 2백여 명의 교인이 참석한 가운데 창립예배를 드린 것이다. 중부교회사에 따르면 구위경 장로, 이춘식 목사, 이현숙 전도사 세 사람이 뜻을 모아 한국기독교장로교 중부교회를 창립했다고 밝히고 있다.

구 장로는 함북 성진 출신으로 성진시 행정교회를 섬기다 1·4후퇴 때 월남하여 부산에 정착했고 제과점을 차려 생활의 안정을 찾았다. 그는 당시 부산 남부교회를 섬기고 있었는데 1953년 대한예수교장로교와 대한기독교장로회(한국기독교장로회 전신)가 분리되자 중부 지대에 교회 개척이 필요하다고 판단하고 뜻을 같이하던 남부교회 이현숙 전도사, 경북 김천 시온중고등학교 이춘식 목사와 함께 중부교회를 섭립한 것이다. 이 과정에서 캐나다선교회 부산 주재 선교사 베이커(배의덕) 등이 가난한 한국 교회를 도왔다.

첫 목회자 이춘식 목사는 함북 길주 태생으로 성진시 제일교회에 시무하다 전쟁 후 김천 시온중고 교목으로 재직했다. 초기 중부교회 성도 대부분은 이북 피난민이었다. 6·25의 폐허를 딛고 선 예수공동체였다.

중부교회가 하나님의 부름을 받아 시대적 소명에 앞장서기 시작한 것은 1970년대 시대 상황과 무관치 않다. 1972년 10월 유신헌법이 발효되고 모두가 숨죽이고 있을 때 중부교회 청년들을 비롯한 부산의 의식 있는 청년들은 중부교회에 모여 사회와 역사에 대한 책무를 놓고 기도했고, 예수의 삶을 실천해야 한다는 응답을 받았다. 부산 교계의 보수적인 풍토에서 중부교회 청년과 목회자들의 광야의 소리는 비록 작았으나 그 파장만은 실로 컸다. 부산 민주화운동의 발원지가 되어 전국으로 퍼져 나갔기 때문이다.

때문에 교회는 늘 보안 당국의 요시찰 대상이었고 급기야 청년과 목회자가 대통령긴급조치 위반 등으로 보안사에 끌려가는 사태에까지 이른다. 그리고 1976년 최성묵 당시 부산YMCA 총무가 전도사로 부임하면서 현실 참여를 통한 빛과 소금의 역할은 더욱 강화된다.

그 무렵 발간된 대학생 회지 〈책방골목〉은 '인류를 위해서 우리를 사랑하시는 그리스도를 따라 십자가를 짊어지자. 골고다의 언덕을 향해서 힘차게 전진하자'라고 전하고 있다. 2호 회보의 '유신 따위……' 등의 문장은 부산 민주화운동사 최초로 필화 사건을 불러왔고 결국 중부교회 청년 세 명이 긴급조치 9호 위반으로 구속된다. 이때 부산 재야의 두 기둥이었던 최성묵 목사와 김광일 변호사가 청년들을 위해 나섰다. 김광일 변호사의 첫 시국 사범에 대한 변론이기도 했다.

중부교회는 당국의 혹독한 탄압을 받았다. 교회 재정 집사와 장로 등이 시경에 연행돼 교회가 불순 세력에 자금을 대지 않왔냐며 수사를 받을 정도였다. 직장 다니는 교인들에겐 직장을 통한 불이익이 가해졌다.

그럼에도 중부교회는 1970년대 후반 많은 활동가들을 배출했다. 앞서 얘기한 양서조합 주도의 부림 사건 등이 사례다. 이러한 양심의 물결은 1979년 10월 부마항쟁으로 이어지고 독재정권 몰락을 가져온다. 최성묵 목사는 10월 21일 보안사에 연행되어 간첩 혐의로 고문을 받았는데 닷새 후 10·26 사태로 화를 면한다.

중부교회 예수 정의 정신은 1980년대 신군부 정권에서도 '정의가 하수'가 되어 흐른다. 광주민주화운동에 대한 정면 거론, 옥에 갇힌 자에 대한 기도회 개최 등 중부교회는 고난을 두려워 않고 고난을 이겼다.

그런 가운데서도 1980년대 중반부터 장애인 선교를 위한 한울장애인자활센터 설립 등을 통한 소외 계층 지원, 위안부 문제 해결 촉구 등 소외된 이웃을 향한 목소리를 높였다. 또 목사 및 시무장로 신임투표 등을 통해 고이지 않는 교회로 한국 교회의 모범이 되고 있다.

전쟁 직후 가난한 책방 골목은 예나 지금이나 큰 변화는 없다. 교회 석축 아래 노천 이발소가 있던 곳엔 교회가 2층짜리 자그마한 건물을 지어 1층은 헌책방으로 임대를 주고, 2층은 당회

장실로 쓰는 것이 중부교회의 유일한 사치라면 사치다.

중부교회는 책방 길을 경계 삼아 골고다 언덕을 오르는 예수처럼, 자신을 희생해 평화의 메신저가 된 예수처럼 오늘도 그 자리에 그렇게 서서 세상의 빛이 되고 있다.

중부교회
부산 중구 책방골목길 7-13 051)256-9163
부산역 건너편에서 40, 81, 103번 버스를 이용해 책방 골목에 하차한다. 약 10분 소요.

| 추천 맛집

보수회마당
부산 중구 대청로53번길 22
051)247-9662

"우리 손님들은 자갈치축제에 놀러가도 회는 꼭 저희 집에 와서 드셔요."

주말 오후 갑자기 몰려든 손님 음식상을 준비하느라 이마에 송골송골 맺힌 땀방울을 손으로 훔치며 주인아주머니는 단골 고객에 대한 고마움을 표한다. 차분하면서도 깔끔한 인상의 안주인은 남편과 시아주버니가 10년 전 물려준 횟집을 지금까지 운영하고 있다. 역사로 따지면 20년을 올곧이 이어온 토박이 횟집인 셈이다.

이 식당은 동네 장사라 무엇보다 정직을 철칙으로 삼고 있다. 늘 제철에 잡히는 신선한 자연산 횟감을 푸짐하게 상에 올린다. 넉넉한 양에 신선함, 가격까지 착하니 손님이 북적일 수밖에 없다. 더욱이 횟집을 운영하기 전 채소가게를 운영했던 경험으로 식탁에 올라오는 채소와 밑반찬은 어느 횟집보다 신선하다. 간장과 된장 등 장류는 창녕에 살고 있는 친정어머니가 떨어지지 않게 보내 준다.

쫄깃쫄깃한 육질과 담백한 맛을 느끼려면 그냥 초장에 살짝 찍어 먹어도 좋지만, 무엇보다 이 집의 별미는 2년 넘게 숙성시킨 묵은지를 적당히 씻어 낸 다음 싸 먹는 회 맛이다. 밑반찬 중에는 전어 철에 일일이 내장 및 쓸개를 발라 내어 담은 전어밤젓의 쌉쓰레한 맛이 기억에 남는다. 다만 가격이 저렴하면서도 회가 싱싱하니 스끼다시를 크게 기대하는 것은 무리다. 일반 조미료를 전혀 섞지 않고 순수하게 생선을 넉넉히 넣고 푹 곤 육수에 끓여 낸 매운탕 역시 일품이다.

단 이 지역에서는 비린내를 제거하기 위해 쑥갓 대신 매운탕에 산초와 방하 등을 넣는데 입맛에 맞지 않으면 미리 이야기를 해야 한다. 중부교회에서 산복도로 방향으로 걸어서 3-4분 거리다.

아름다운 교회길

보수동 헌책방 골목

아름다운 교회길

ⓒ 이병주

* 감천동 문화마을

아름다운 교회길

중부교회는 한국 현대사의
시대정신이 배어 있는 곳이다.
정의가 하수처럼 흐르는
하나님의 공의를 실천해 온
공동체인 것이다.
그러면서도 장애인 선교 등
소외 이웃을 위해
헌신을 아끼지 않는다.

갈계교회_전북 남원
지리산 두메산골 십자가 5월 밤하늘에 빛나다

"얼마나 골이 깊었는지 반란군조차 안 들어왔어. 갈계리는 그만큼 길이 험해."

전북 남원시 아영면 갈계리 갈계교회 최순남 권사 얘기다. 갈계교회 설립자 최진욱 장로의 4남 3녀 중 큰딸로 70대인 최 권사는 위로 오빠가 넷이다. 여기서 반란군이란 빨치산을 말한다. 1945년부터 1953년까지 지리산을 중심으로 활동했던 공산당 비정규군이다. 1953년 9월 남한 빨치산 총수이며 남부군 총사령관이었던 이현상이 사살될 때까지 지리산 일대는 현대사의 비극을 고스란히 안아야 했다. 전북도당 남원군당은 1951년 12월까지 활동했다. 그런데 1928년 세워진 갈계교회는 보급투쟁(빨치산이 살아남기 위해 식량 등을 약탈하는 행위) 과정에서도 멀쩡했다. 순교자가 속출했던 상황에서 해방구나 다름없던 동네가 피해를 입지

갈계교회는 미자립교회다.
백두대간에서 흘러내리는 마을 앞 풍천에서
모래로 벽돌을 만들어 헌당한 교회당이
지금도 옛 모습 그대로 마을 동쪽에 자리하고 있다.

않다니……. 그만큼 오지란 얘기다.

이 두메산골도 1950년 발발한 한국전쟁 기간엔 온전할 수 없었다. 당장 최 권사의 아버지 최진욱 장로가 인민군에게 반동분자로 몰려 뱀사골 쪽으로 끌려갔다. 마을 구장 등도 굴비 엮듯 엮어 데려갔다.

"저도 잡혀가는 거 봤어요. 훗날 어머니에게 들었는데 찬송가 '하늘 가는 밝은 길이'를 부르시며 가셨다고 하더군요. 처형만 남았었지요. 왜정 때 독립운동하면서도 살아남으셨던 분이었대요."

최 장로는 살아 돌아왔다. 최 권사는 인민군과 빨치산이 찬송가를 부르는 아버지의 초연함에 감동을 받았다는 얘기를 어머니에게 들었다고 했다.

갈계교회는 미자립교회다. 백두대간에서 흘러내리는 마을 앞 풍천에서 모래로 벽돌을 만들어 헌당한 교회당이 지금도 옹색하게 마을 동쪽에 자리하고 있다. 열다섯 명 남짓 출석하는 교인은 70대 이상 할머니들이다. 강기원 목사 어린 자녀 예빛과 수빛이 예배 시간에 휘젓고 다니는 것이 반가울 정도다. 그런데 이 작은 교회가 민족 분단과 개신교 분열의 현실을 고스란히 안고 역사의 흐름 속에서 함께한다면, 그리하여 쓰러져 가는 농촌 및 신앙공동체를 살리는 '교회의 참된 터'로서 자리매김한다면, 사람의 생각으로 미치지 못하는 예수의 메시지가 30가구 남짓한 마을에 주어지지 않았을까 생각했다.

이 마을에서 보자면 백두대간 시리봉이 앞이고 오른쪽에 청룡산, 왼쪽은 마갑산이 자리했다. 그 사이 아늑하게 자리 잡은 갈계리. 풍천을 가운데 두고 논이 펼쳐져 있다. 한데 동구에 들어서면 작은 마을에 십자가 종탑 두 개가 좌우로 유난하다. 두 교회는 직선거리 백 미터에 불과하다. 마을을 마주하고 오른쪽은 갈계교회, 왼쪽은 갈계서부교회다. 둘 다 장로교회로 1953년 한국기독교장로회가 대한예수교장로회에서 분리되면서 이 시골에까지 여파가 미친 것이다. 그 무렵 장로교는 성장통을 겪으면서 1940년대부터 1960년대까지 4차에 걸친 대분열을 맞는데 이 마을 두 교회는 2차 분열의 결과다. 분열은 신학적 논쟁이 따르기 마련이다. 1885년 언더우드와 아펜젤러 선교사가 복음을 들고 조선에 들어온 이후 한국 개신교는 지경을 넓혀 갔고 대부흥과 자기 성찰의 과정에서 종파를 낳았다. 프로테스탄트교회의 특징이다. 건강한 교회공동체가 될 수 있는 장점이 종파이기도 하다.

1953년 갈계서부교회가 분리됐다. 그 후 마을 중앙을 기준으로 동서선교분리선이 암묵적으로 형성됐다. 한 마을에서 신앙생활에 따른 분쟁이 없이 지내 온 것도 이 분리선 때문이다. 연합이 없는 것은 아니다. 동네 어른 칠순잔치 공동 진행, 아영면 기독교연합회의 경로대학과 연합부흥회, 주일예배 후 공동 식사 및 봄 나들이 등이 일치의 가능성이다. 달리 형제교회인가. 다만 장자 교회인 갈계교회는 요즘 공동체 유지에 많은 어려움을 겪고 있다. 교인은 고령화되고 인구 유입은 없어서다. 수년 전 번듯한 회당을 헌당한 갈계서부교회와 비교해 그런지도 모를 일이다. 그렇다고 오늘날 농촌 교회 어느 곳도 신앙공동체 유지에서 자유로울 수 없다.

갈계교회에 강기원 목사가 부임한 것은 2005년이다. 경북 안동 사람인 그는 갈계교회 부임을 놓고 갈등했다. 그리고 기도 끝에 "양 무리를 버리는 목사가 되지 않겠다"고 서원했다. 그러나 현실은 몇 가구 안 되는 동서선교분리선이 존재했고, 농촌공동체 해체는 끝 간 데 없이 진행되고 있었다. 남북 분단을 그린 영화 〈웰컴투 동막골〉의 박광현 감독이 어린 시절 이 마을에서 지낸 것이 예사롭지 않다. 그는 어려서부터 마을 중앙에 암묵적으로 그어진 분리선을 인식했을 터다.

강 목사는 교회 자립을 위해 팔을 걷어붙이고 나섰다.

"설교 시간에 교회가 자립해야겠다고 얘기했어요. '목사가 설교, 기도, 심방에 열심이면 된다. 목사님 손에 흙 묻게 할 수 없다'는 교인의 반발이 심했어요. 몇 개월을 설득한 끝에 청국장을 만들기로 했습니다. 경운기조차 들어갈 수 없는 콩밭을 갈면서

교인들과 청국장을 만드는 목사님

마을 어르신들과 함께했어요."

이복남, 박미분, 민주식 권사 3인방이 더러 툴툴대면서도 젊은 목사 뜻을 받들었다. 이들이 고령으로 물러난 뒤 최순남 권사를 중심으로 안점옥, 박복순, 김숙자 등이 열심이다. 요즘은 청국장에 감식초를 추가해 사시사철 생산에 힘쓴다. 가내수공업이지만 말이다. 연 매출은 300-400만 원선. 어찌 보면 적은 돈일 수 있다. 하지만 교회와 마을을 위한 기금 마련이기에 기도와 찬송으로 하루를 연다.

"하나님께서 저를 '전선'에 세우셨을 땐 뭔가 이유가 있어서일 겁니다. 분단의 비극, 교회 분열, 현격한 도농 차이 등의 현장이니 예수 평화의 메시지를 꼭 전해야겠지요. 도농직거래를 통해 쌓인 기금으로 마을문화제를 여는 것이 일차적 목표입니다. 할 일이 너무 많아요."

강 목사와 함께 마을 구석구석을 돌았다. 산골 마을 아름다운 풍광이 매료시킨다. 그리고 솔 숲과 대나무 숲 앞쪽으로 집 짓는 공사가 한창이다. 젊은 귀농자 집 세 채였다. 그들은 비록 동서 선교분리선 서쪽 편 사람들이지만 말씀이 있는 한 그 선은 무의미해질 것이다. 화해는 세대를 달리하면서 급격하게 가속도가 붙기 마련이다.

산마루에 오르니 멀리 풍천이 보인다. 1974년 이종태 전도사를 비롯한 뜨거웠던 심령들은 "우리 새 예배당을 지읍시다"라는 이 전도사의 말에 풍천 모래로 지금의 갈계교회 건물을 헌당했다. 그 뜨거움이, 크리스천 농촌운동가 최용신 전도사가 그랬던 것처럼 지리산 자락에서 강 목사를 중심으로 신新 브나로드운동으로 이어지고 있다.

마을 골목을 지날 때 깔끔한 초등학생 하나가 "안녕하세요!" 하고 인사한다. 깜짝 놀랐다. 귀농자 집 자녀였다.

갈계교회
전북 남원시 아영면 동갈길 14-1 063)626-5058
남원시외버스터미널에서 한 시간에 한 대꼴로 다니는 아영행 버스를 타고 갈계리에서 내린다. 인월버스터미널에서는 함양행 버스를 이용해 갈계리에 하차하면 된다.

| 추천 맛집

황산토종정육식당
전북 남원시 운봉읍 황산로 1100
063)634-7293

지리산 바래봉 철쭉축제를 구경 가는 길목에 이 지역 브랜드 상품인 토종 흑돼지 생고기 전문점이 자리 잡고 있다. 남원시 운봉읍 초입에 위치한 '황산토종정육식당'이 그곳이다. 식당 바로 건너편이 지리산 둘레길 출발점이기도 해 널쩍한 식당 안은 활짝 핀 철쭉꽃처럼 울긋불긋 나들이 차림의 손님들로 가득하다. 음식점에 들어서면 신명철 씨가 아들 성수 씨와 함께 손님을 맞이하고 주방은 솜씨 좋은 안주인이 책임진다. 이 식당은 청정 지역 지리산 자락에서 허브로 키운 고원 흑돈만을 취급한다. 반찬류도 입맛을 당긴다. 물 맑고 공기 좋은 500미터 고원 지역에서 생산된 농산물이라 각종 나물이 씹을수록 향이 더하고 깊은 맛이 배어난다. 인근 인월면의 신 씨 처가 텃밭에서 무농약으로 키운 배추와 지리산 자락의 돌나물, 머위, 곰취 등 산나물이다. 하루 동안 잘 숙성한 생고기 위에 녹차, 허브, 솔잎 등을 뿌려 나온 쫄깃하고 식감 좋은 꺼먹돼지를 노릇하게 구워 먹으며 중간중간 3년 묵은 김치에 싸 먹는 맛도 일품이다. 옻나무, 엄나무, 오갈피, 헛개나무 등을 넣고 숙성시킨 메주로 끓여 낸 된장찌개도 이 집의 별미. 대창만으로 만들어 큼지막한 순대가 돋보이는 순댓국도 과객의 기운을 북돋우기에 제격이다. 지리산 나들목에서 운봉 방향 6킬로미터 지점 운봉읍 초입에 위치한다.

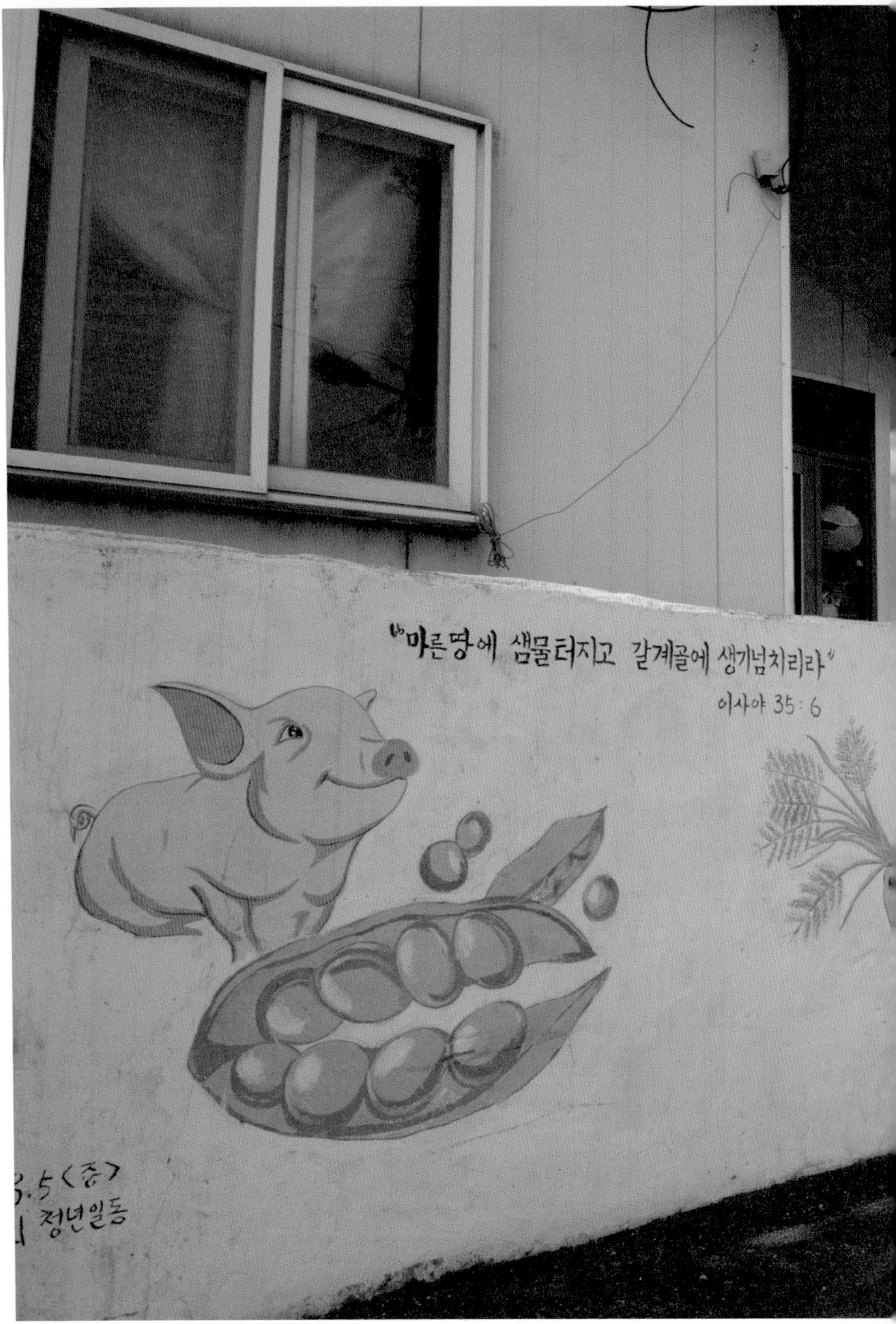
"마른땅에 샘물터지고 갈계골에 생기넘치리라"
이사야 35:6
정년일동

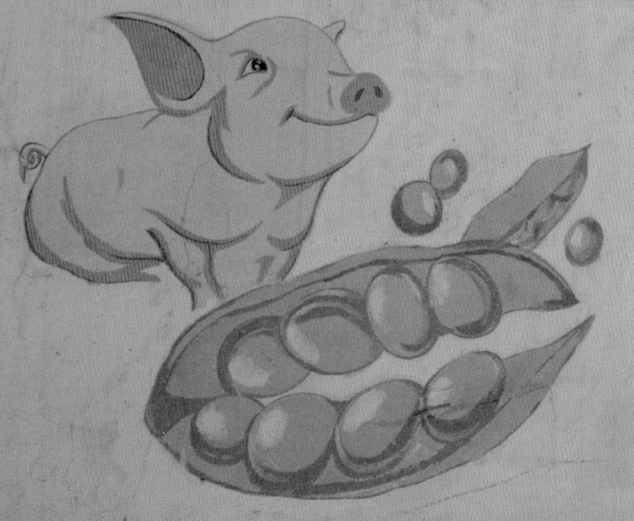

빨치산…… 한국전쟁……
현대사 비극 한가운데 있었다.
교단 분열의 아픔도 떠안았다.
출석 교인 열다섯 남짓
그것도 70대 이상 할머니들.
목회자와 성도들은
오늘도 작업장에 모여
기도와 찬송으로 하루를 연다.

함평읍교회_전남 함평
자운영 보랏빛이 지천인 곳,
예수 시대 성읍이 이랬을까?

함평읍교회를 찾아 나선 버스 안. 청나라 사람 심복(沈復)의 자서전 《부생육기(浮生六記)》를 손에서 놓지 못했다. 서재 한쪽에 놓여 있던 을유문화사판 《부생육기》는 누레져 가고 있었다. 요절한 아내 운을 그리는 심복의 절절한 심정이 담겼다.

헛되고 헛되었을 우리네 삶은 그 어떤 관계도 영원하지 못하다. 사내라면, 슬기롭고 총명한 여자 운의 매력에 빠지지 않을 수 없다. '그 집을 세우는 지혜로운 여인'(잠 14:1)과 같다.

내게 함평은 지혜로운 여인 운과 같이 각인되어 있다. 함평의 복음화가 지혜로운 어머니 신앙과 같은 한 목회자로부터 비롯됐기 때문이다. 현재 함평군은 4만 3천여 명의 적은 인구임에도 97개 처소, 복음화율 25퍼센트를 자랑한다. 이런 소읍에서 보헬빛 매력을 느낄 수 있었던 것은 순례자만이 가질 수 있는 특권이

5월의 햇살이 가득한 어느 날
읍내 구석구석을 걸으며 예수 시대 성읍 풍경을 떠올렸다.
어디에 눈을 두어도 교회 첨탑이 보였다.

다. 5월의 햇살이 가득한 어느 날 읍내 구석구석을 걸으며 예수 시대 성읍 풍경을 떠올렸다. 어디에 눈을 두어도 교회 첨탑이 보였다. 예수 탄생에는 하나님의 모성적 이미지와 부성적 이미지가 함께 있다. 함평은 모성의 이미지며 색으로는 이 지역에 유독 지천인 자운영 보랏빛이다.

그 이미지 중심은 함평읍교회다. 처소 하나가 세워짐으로써, 그리고 목회자 한 사람이 온유와 지혜로 지역사회에 헌신함으로써, 생명의 말씀이 이 땅에 뿌리를 굳건히 내린 것이다.

사실 전남 서부의 복음 전파는 이 교회 김병두 목사를 빼놓고 설명할 수 없다. 1942년 부임한 그가 1959년 다른 목회지를 향해 떠날 때까지 이곳에서 목자로서만이 아니라 교육자, 사회사업가, 시민운동가로서 교회를 통한 농촌계몽운동에 앞장섰다. 또 한국전쟁 당시 그 어느 지역보다 빨치산 출몰이 잦았던 이 지역에서 순교를 무릅쓰고 목숨이 경각에 달린 백성을 구해 냈다. 그가 부임하던 무렵, 일제의 공출과 신사참배의 강요가 성도와 교회를 옥죄었다. 교회 첨탑 종을 대동아전쟁 군수물자로 내주어야 했고, 창씨개명과 신사참배에 직면해야 했다. 이를 거부한 김 목사는 전남 화순탄광에 끌려가 6개월간 징용살이를 해야 했다.

큰아들 김활용 목사는 "아버지께서 징용살이를 할 때 사진을 지금도 갖고 있어요. 교회에 복귀하셔서 일제의 압박을 피하

일본인 모리후치 여사의 심령부흥집회를 마치고 기념사진.
맨 앞줄 중앙이 모리후치 여사이고 좌측이 김병두 목사, 우측이 박화윤 장로다.

기 위해 우연히 신문에서 본 일본인 부흥사에게 편지를 썼고 그를 부흥집회에 모셔 교회와 성도를 보호하는 지혜를 보이셨죠"라고 아버지를 회고했다. 그는 아버지의 뜻을 받들어 빈민 선교 등을 해오다 서울 방배동 이수교회를 끝으로 은퇴했다.

함평읍교회는 해방되던 해 9월 유치부를 확대해 유치원을 세우고, 1948년엔 지금의 교회 자리에 예배당을 신축했다. 그런 기쁨도 잠깐, 한국전쟁 발발하고 이기섭·노현덕 장로, 박병연·이대수·박갑득 집사 등이 단지 예수를 믿는다는 이유로 좌익에 희생되는 화를 당한다.

전도 여행 떠나는 이문경 장로(함평읍교회 제2대 장로)

문성수 원로장로는 "당시 김 목사님이 살 수 있었던 것은 인민군이 교회를 접수하기 전 어머니 생신이라 해남(海南) 집에 가 계셨기 때문이에요. 인민군이 교회를 사무실로 써서 교인들이 얼씬도 못 했었죠"라고 증언했다. 김병두 목사는 "죽는 한이 있어도 교회에 가겠다"고 했으나 교인 홍순호(남서울은혜교회 홍정길 목사 부친)와 윤인식(전 국회의원) 등이 말렸다고 한다. 그리고 그해 9월 수복되면서 부역자 선별이 시작됐다. 이때 부산으로 피난 갔다가 돌아온 김 목사는 함무(함평·무안) 지방 선무공작대宣撫工作隊 대장을 맡아 빨치산 잔당의 투항을 권유하는 한편 좌우익 간 피의 보복을 최소화했다. 홍순호, 윤인식 외에도 이원설(전 한남대 총장) 등이 대원이었다.

김병두 목사에게 신앙 훈련을 받은 아동문학가 김철수(함평 은광교회) 장로는 "김 목사님의 지목에 따라 생사가 결정되던 때에 목사님께선 총칼 앞에 어쩔 수 없이 부역한 그들의 속사정을 잘 알기에 지목하지 않고 끌어안으셨습니다. 훗날 전남 서부에 십여 개 교회를 분립시키는 등 복음이 곳곳에 미칠 수 있었던 것은 원수를 사랑하신 목사님의 은덕을 잊지 않은 생존자들이 예수를 영접했기 때문입니다"라고 전한다.

함평읍교회 출신 박종삼 원로목사는 "김 목사님은 전쟁고아들을 위해 삼애원, 자광원, 성애원, 시온원 등을 세워 신앙으로 키우셨어요. 이렇게 작은 군 단위 읍내에 아동복지시설이 네 개나 되는 사례는 전무후무할 것입니다"라고 회고했다. 이 네 개 시설은 지금도 각기 아동복지시설, 모자원, 양로원 등으로 운영되고 있다. 윤인식과 홍순호는 후에 장로가 되어 김 목사가 맡긴 복지시설에서 헌신을 다했다.

또 김 목사는 교육의 중요성을 깨닫고 1953년 교회 내 교육관에 함평광인고등공민학교를 세워 기독교 인재를 길러 냈다. 가난한 농촌 청소년에게 중·고등 과정의 학교는 꿈의 학교였다. 공민학교는 1982년 농어촌 중학교 교육 의무화와 함께 폐교됐으나 그 인맥은 지금도 전남 서부 복음화의 바탕으로 남아 있다. 이와 함께 함평YMCA도 세워 크리스천 리더를 키웠다.

이 교회는 2011년 3월 100주년을 맞았다. 1911년 류서백·남대리(한국명) 등 서양 선교사들이 함평에 들어와 박화윤, 이문겸 등을 전도해 지금의 교회 뒤편 내교리 언덕배기 초가삼간에서 예배를 드렸다. 문성수 원로장로와 옛 교회터를 찾았다. 읍내가 한눈에 내려다보이는 교회터는 밭과 잡목 숲으로 변해 그 어디서도 흔적을 찾아보기 힘들다. 무화과나무가 몇 그루 남아 있고, 지형이 변하지 않은 것이 다행이라면 다행이었다. 문 장로가 한 집을 가리키며 말했다.

"이 집이 당시 사택입니다. 제가 태어날 때부터 있던 집인데 유일하게 남아 있는 교회 흔적이네요. 1948년 지금의 교회터로 신축 이전하면서 내리교회에서 함평읍교회로 명칭을 바꿨습니다. 일제시대에는 모두 숨거나 쉬쉬하면서 신앙을 지켜야 했기 때문에 이처럼 외진 곳에 처소가 있었어요."

안타까웠다. 도시 교회는 부동산 가치 때문에 옛 선교 유적을 밀어 버리고, 시골 교회는 유적 보존의 필요성을 알면서도 일꾼이 없어 폐사지(廢寺址)처럼 버려 두고 만다. 점점 이렇게 구술할 사람들마저 귀해진다.

읍내는 인적이 드물다. 40-60년 전, 장날이면 어깨를 모로 두고 걸어야 했던 북적임은 이제 함평나비축제 때나 겪을 수 있다. 아무렇게나 피던 자운영도 관광객을 위해 대단지 꽃밭으로 관리된다. 그러나 한 가지 변하지 않는 것이 있으니, 이 지역 모교회의 보혈빛 신앙은 한 마리의 양이 있는 한 언제나 그 자리 그대로다.

함평읍교회
전남 함평군 함평읍 함평리 남일길 63 061)323-9191
함평시외버스터미널에 내리면 교회까지 걸어서 10분 거리. 군청 방향 표지판을 따라 걸으면 된다. 시내버스를 이용해도 좋다. 기차로는 학교역에서 내리면 되나 읍내까지 올라와야 해서 되레 불편하다.

| 추천 맛집

초록식당
전남 함평군 함평읍 기각리 1000-16
061)322-5287

명품 한우의 고장인 함평의 유명하다는 고깃집에는 대부분 불판이 없다. 그날 도축한 소가 생고기 그대로 식탁에 오르기 때문이다. 함평읍교회에서 걸어서 10분. 함평읍 기각리 5일시장 입구에 함평읍교회 이금희 집사가 운영하는 육회비빔밥 전문점 초록식당이 있다. 함평에서 20년 가까이 식당을 운영해 온 이 집사는 "전국 제일의 한우고기로 알려진 '함평천지한우' 중에서도 2-3년생 일등급 암소 고기만을 당일 구입해 사용한다"고 자랑한다. 이곳 육회비빔밥은 싱싱한 육회에다가 생채무침, 호박, 김가루, 콩나물에 집에서 직접 담근 태양초 찹쌀고추장이 주재료다. 여기에다가 매일 아침 새로 짜온 참기름도 넉넉히 넣어 썩썩 비벼야 제맛이 난다. 신선한 육회에 묵은 김치를 한 조각 얹어 한 숟가락 가득 입에 넣으면 어느덧 여행의 피로도 사라진다. 비빔밥에 목이 조금 멘다 싶으면 무와 등뼈를 넣고 밤새 곤 맑지만 깊은 맛의 선짓국을 떠먹는 맛 또한 일품이다.

비빔밥이라 굳이 밑반찬이 필요치 않을 텐데 남도음식의 특징인 풍성한 인심이 식탁을 풍요롭게 한다. 양파김치, 호박왕새우볶음, 마늘종무침, 콩나물, 열무겉절이, 꽃게무침 등이 맛깔스럽고 정갈하게 차려져 있다. 특히 목포에서 당일 배송해 버무려진 꽃게무침은 달달한 인공조미료에 길들여진 우리네 혀끝을 행복하게 해준다.

| 따라 걸어 보세요

함평읍교회 본당 앞에 향나무 대여섯 그루가 유독 눈에 들어왔다. 1948년 예배당 건축 당시 심은 나무인데 당시 어느 장로가 일본에서 수입해 심었다고 한다.

이 같은 조림造林은 일제강점기 근대건축 양식에서 두드러진다. 등록문화재로 지정된 전남 영광군 법성면의 '기꾸야여관' 목조 건축물 앞에도 이와 똑같은 일본 향나무가 심어져 있다. 기꾸야여관 집주인이 "향나무에서 뿜어내는 진액 성분이 바람에 날려 목조 주택에 착색되는데 이것이 기름 먹인 것처럼 검게 보이게 한다. 방수, 방충 효과를 톡톡히 보고 있다"며 목조 건축물 앞에 일본 향나무가 심긴 이유를 알려줬다. 현 교회 건축물은 바로크 양식의 본당 건물과 르네상스 양식의 교육관이 나름 매력이 있다. 사찰 집사가 울리는 종은 60여 년이 됐다. 교회를 둘러보고 읍내를 한 바퀴 돌 것을 권한다. 인구 8천여 명 소읍小邑거리는 향수를 자극한다. 1970-1980년대로 돌아간 느낌이다. 자광원 등 네 개의 복지시설은 전쟁 직후 미국 원조를 받아 함평읍교회가 세웠다. 시온원은 함평 학교면에 소재지를 두고 운영 중이다. 기산봉에 올라서면 무등산과 서해바다가 보인다.

아름다운 교회길

아름다운 교회길

· 모평 하오마을

전남 서부 선교 중심 교회인
함평읍교회.
함평YMCA가 있었을 정도로
기독운동이 활발했던 곳이다.

광암교회_전남 나주
굽이굽이 영산강이 안고 너른 더뱅이 들녘이 품다

팔순을 앞둔 촌부 김추련. 전남 나주시 금천면 광암리 광암교회 은퇴권사다. 나주 봉황면 옥산 태생으로 1953년 광암리 김성철 씨와 결혼해 지금까지 광암교회를 섬기며 살고 있다. 교회 아래 너른 집에서 홀로 거하며 날마다 기도로 자식과 교회, 나라를 걱정한다. 신앙으로 키운 다섯 자녀 모두 사회의 엘리트가 되어 어느 하나 아픈 손가락이 없는 복을 받았다. 자식들은 광주와 서울 등지에 살며 수시로 어머니와 모교회를 찾는다. 행복한 노년이다.

광암교회는 출석 교인 70명 남짓한 교회다. 영산강을 낀 호남평야 한가운데 자리하고 있으나 인구 감소와 노령화로 애를 먹고 있는 전형적인 농촌 교회다. 1980년대 중반만 하더라도 주일 출석만 200명이 넘었다. 그래도 여전히 설립 111년의 역사를 자

영산강을 낀 호남평야 한가운데 자리하고 있으나
인구 감소와 노령화로 애를 먹고 있는
전형적인 농촌 교회다.
그래도 여전히 설립 111년의 역사를 자랑하는
나주 지역 장자 교회다.

일제강점기 광암교회 신여성들

랑하는 나주 지역 장자 교회다.

　　김 권사의 집 거실에서 몇 권의 앨범을 뒤적였다.

　　"이분이 저희 시어머니 박경애 씨입니다. 남편이 평생 당신 지갑에 넣고 다니던 흑백 사진이죠. 시어머니는 동란(6·25) 나기 전에 돌아가셔서 저는 뵙질 못했어요. 다만 시어머니 동생 되시는 소설가 박화성 씨가 훗날 저보고 '우리 조카며느리 고생 많이 한다'며 걱정해 주던 기억이 납니다."

　　촌부의 증언이 없으면 광암교회는 그 의미가 퇴색되고 말 그저 평범한 시골 교회일 것이다. 하지만 증언과 자료를 바탕으로 들여다보면 볼수록 근대 기독교사의 지형을 읽을 수 있는 순례교회라는 것을 알 수 있다.

1897년 미국 남장로교는 나주선교부를 세웠다. 소속 선교사 유진 벨은 그해 목포에서 영산강을 따라 내륙으로 들어와 나주 영산포에 닿은 뒤 나주성 안에 초가집을 사서 예배당으로 삼고 전도에 나선다. 성 밖에도 토지를 구입해 교회를 짓고자 했으나 보수적인 나주 양반의 반대로 쉽지 않았다. 그리고 청년들에게 돌팔매질을 당하며 쫓겨나고 만다. 이때 유진 벨은 자신의 조선어 교사였던 이문오에게 나주 지방 선교를 맡기고 목포로 돌아간다. 이후 기록은 남아 있는 것이 없다. 다만 1903년 김치묵에 의해 광암 예배처소(광암교회 전신)가 세워진 것으로 미루어 김치묵이 유진 벨 및 전도인 이문오, 김윤환 등에게 영향을 받아 선교에 나선 것으로 추측할 뿐이다. 김치묵은 지역 유지였다.

"시할아버지가 김치묵 어르신입니다. 시아버님 김재섭 어르신은 평양 숭실전문학교 영문과를 졸업하고 광주 수피아여고에서 교편을 잡고 계셨어요. 그때 시어머니도 같은 학교 교사였지요. 거기서 만나 결혼하신 것 같습니다. 그런데 어느 날 시할아버지가 아들 내외를 광암리로 내려오라고 하셨던 겁니다."

김재섭 박경애(희경이라고도 한다) 부부는 광암교회를 섬기며 교회를 중심으로 농촌계몽 활동을 펼친다. 광암학당도 설립하고 어린이, 청년, 부녀자 등에게 한글을 가르쳤다. "동네 어른들이

'당신 시어머니에게 한글을 배워 성경을 읽게 됐다'는 얘기를 시집와서 많이 들었어요"라고 김 권사가 전했다.

박경애·화성(본명 경순) 자매는 목포 부잣집 딸이었다. 유진 벨이 세운 목포 정명여학교 등에서 신식 교육을 받은 이들은 기독교의 영향을 많이 받았다. 특히 경애 씨는 시아버지와 남편의 뜻을 따라 신여성의 길을 포기하고 농촌에서 전도와 계몽에 힘썼다. 훗날 한국 첫 여류 소설가가 된 박화성에게 언니의 삶은 그렇게 고단함 그 자체였다. 아무리 지주 집안에 시집갔다고는 하나 더뱅이라는 광암리 들녘의 농사꾼 아낙에 지나지 않아 보였다. 목포라는 개명한 도시 부잣집 출신 신여성의 몰락쯤으로 보였을 것이다.

"(박화성은) 제 시아버지를 미워했다고 해요. 당신 언니를 이런 시골로 데려와 고생시키니 안 그랬겠어요. 조카들에게도 공부 안 한다고 혼내고 그랬다는군요. 그러면서도 언니 집에서 얼마씩 묵으며 소설을 쓰곤 했답니다."

김 권사는 남편의 구술과 자신의 기억을 비망록을 펼치듯 살렸다.

자료와 구술 등을 종합해 볼 때 신여성 박경애가 40대 이른 나이에 세상을 떠난 배경에는 20세기 초 '문명의 충돌'에 따른 혼돈이 주원인으로 보인다. 광암교회를 무대로 한 박화성의 단편

〈한귀旱鬼〉가 초기 한국 그리스도인의 인간적 갈등과 외부적 박해를 잘 전개한 리얼리즘 소설에 속하는 것도 이런 현실과 무관하지 않아 보인다.

〈한귀〉의 주인공 성섭은 인텔리 소작농이자 크리스천이다. 나주 들녘에 가뭄이 들어 온 가족이 보리죽으로 연명하게 되고 그의 아내는 자식을 굶기는 것이 안타까워 신앙을 포기하고 자살하겠다는 극언을 한다. 마실 물조차 떨어지자 동네 사람들은 서양 귀신 운운하며 미국인 선교사에 몰매를 가한다. 그런 와중에도 성섭은 선교사를 지키고, '남의 것을 탐하지 말라'는 계명에 따라 지주에게 소작 쌀을 바친다. 궁핍이 극단에 이른 어느 날 굶주린 개가 성섭의 아내와 자식을 물어뜯는다. 게다가 마을 사람은 예수쟁이 때문에 비가 오지 않는다며 교회당을 때려 부수려 한다. 이 소식을 접한 성섭과 교인은 새벽기도회를 연다. 아침이 되자 곡괭이 등을 들고 광암교회로 몰려든 군중. 그때 번개와 천둥이 그들을 때린다. 혼비백산하여 달아나는 무리…….

"그 무렵 한국 기독교가 당한 박해 모습이죠. 고난이 거셀수록 기도에 매달렸던 교인이 있었기에 오늘의 한국 기독교가 우

• 박화성
한국 첫 여류 소설가. 목포 정명여학교 서울 숙명여고보, 일본여자대학 졸업. 시조작가 조운을 만나 문학을 본격 시작하고 춘원 이광수의 추천으로 등단했다. 〈한귀〉, 〈홍수전후〉, 〈고향 없는 사람들〉 등 사회성 강한 120편을 남겼다. 문학평론가 천승준, 소설가 승세, 승걸(전 서울대 교수)을 슬하에 두었다.

리 삶에 빛과 소금이 될 수 있었다고 봅니다."

2008년 부임한 이종문 목사의 말이다.

마을을 굽어보는 교회는 1960년대 후반 헌당된 예배당 옆에 두고 반듯하게 자리 잡았다. 시골 교회 살림인지라 옛 예배당을 헐지도, 보존하지도 못하는 어정쩡한 상태다. 이제 교회 주변 평야는 나주혁신도시가 되어 덤프트럭이 쉴 틈 없이 드나들고 있다. 광암교회를 하나님이 어떻게 쓰실지 아무도 모른다. 다만 신앙을 유업으로 받은 이들이 있는 한 말씀은 살아 계실 뿐이다.

앨범 마지막 장을 넘길 때 한 장의 사진이 눈에 들어왔다. 신앙의 3대 김성철 장로의 칠순 예배를 보는 장면이다. 유업을 받든 4대가 집 마당에 앉아 성경을 앞에 두고 한복 차림으로 기도하는 사진이었다.

광암교회
전남 나주시 금천면 금영로 695-16 061)331-7129
나주터미널에서 광암교회에 가려면 금천·광암리행 버스를 타서 광암리에서 하차하면 된다. 버스는 한 시간 간격으로 있으며 차로 5-10분 거리다.

| 추천 맛집

오병이어 유선추어탕
전남 나주시 성북동 214-1
061)332-9939

상호부터 은혜롭다. 누가 언니이고 동생인지 구별이 안 가는 광암교회 권사 자매가 환한 표정으로 손님을 맞는다. 나주시 성북동에 위치한 오병이어 유선추어탕은 사장인 언니 나경순 권사와 맹물도 맛있게 끓인다는 동생 경애 권사가 오순도순 운영하는 추어탕 전문점이다. 교회에서 차로 10분 거리다.

논바닥의 산삼으로 불리는 미꾸라지. 제철에는 봉황면 들녘에서 잡은 자연산 미꾸라지를 사용하지만 요즘은 어쩔 수 없이 양식 미꾸라지를 쓴다. 경순 권사는 "양식 미꾸라지라도 청정 지역에서 무항생제로 키운 최고 품질을 사용하기 때문에 자연산과 큰 차이는 없다"고 했다. 추어탕은 미꾸라지를 며칠간 깨끗한 물로 씻어 내 비린내를 없앤 뒤 산초, 콩기름을 넣고 푹 고아서 뼈째 갈아 걸러 낸 후 집된장, 들깨가루, 배추 시래기를 넣고 다시 한 번 끓여 낸다. 그래야 걸쭉하고 구수한 전라도식 추어탕이 완성된다. 대부분의 식재료는 전남 영암에서 농사짓는 자매의 큰오빠가 친환경 농산물로 공급해 준다. 밑반찬 역시 정갈하고 맛깔스럽다. 얼큰하고 진한 국물과 부드러운 계란찜, 심심하고 시원한 콩나물, 상큼한 파래무침 등이 입 안에서 조화를 이룬다. 윤기 흐르는 나주 쌀밥 한 숟가락에 바깥주인이 직접 잡아 와 담근 토하젓을 얹어 먹는 맛도 일품이다. 잘 삭힌 영산포 홍어와 부드러운 돼지고기를 묵은지에 싸먹는 삼합 또한 이 집의 별미다.

주일은 당연히 쉰다. 또 메뉴판엔 술 이름이 없다.

· 금천중앙교회

· 나주교회

아름다운 교회길

옛 광암교회 예배당

아름다운 교회길

아름다운 교회길

영산강이 범람하면
농민들은 하늘을 원망했다.
교회가 들어섰고,
사람들은 하늘의 이치와 은혜를 깨달았다.
광암교회는 농민 계몽에 앞장섰다.
교회는 작가 박화성의
작품 무대이기도 하다.

모슬포교회_제주 서귀포
그 푸른 남쪽 바다, 하얀 교회당

모슬포 푸른 바다는 이국의 풍경을 자아냈다. 우리 땅 제주, 거기에서도 우리 땅 섬 끝 가파도와 마라도가 바라다보이는 모슬포항은 마치 지중해 그리스 어느 작은 해안에 와 있는 것 아닌가 하는 착각을 불러일으킬 정도로 아름다웠다.

그 모슬포항에서 한라산 쪽으로 고개를 들면 푸릇푸릇한 들과 그 들판에 아기자기하게 자리 잡은 낮은 건물이 평화로움을 더한다. 사계절 어느 때건 한적한 모슬포 읍내 길은 우리 생애의 여적이 되어 붓을 들게 만드는 무엇이 있다.

최근 제주는 올레길 열풍과 더불어 그 무엇 하나 이야기를 담지 않은 것이 없다. 강렬한 도시의 빛과 속도에 지친 이들은 그래서 너나없이 '힐링'이 필요하다며 제주를 찾는다. 제주 올레길 코스 가운데 위치한 모슬포는 사람이 살아가면서 필요한 문명과

모슬포교회 옛 본당.
역사는 제주 모슬포,
이 먼 곳까지 악한 영들과 싸우게 하는
환난을 가져다주었다.
이념의 갈등은
제주 4·3 사건으로 이어졌다.
교회도 그 질곡 속으로 빠져들었다.

자연, 그리고 그에 걸맞은 적당한 수의 사람들이 살아간다.

그들이 행복하기 살기 위해 꼭 남기고 싶은 것을 꼽으라면 학교, 우체국, 시장일 것이고 그리스도인은 교회를 추가할 것이다.

모슬포길 학교와 우체국, 시장을 지나다 보면 푸른 지붕을 인 하얀 교회당을 만나게 된다. 아담한 교회당은 풍경 자체만으로 경건을 일깨우고, 소박한 삶을 생각하게 한다. 1959년 지어진 모슬포교회다. 이 교회당은 1993년까지 모슬포교회 본당으로 활용됐다가 지금은 교육관으로 쓰이고 있다. 동시에 이 하얀 교회당은 한국기독교장로회 총회 지정 유적교회당이기도 하다. 이 교회당 뒤로 새로 헌당된 지금의 본당이 모슬포교회 백여 년의 역사를 보여 준다.

1907년 평양 장대현교회에서 목사 장립을 받은 이기풍은 이듬해 첫 조선인 선교사가 되어 제주 선교에 나선다. 섬 특유의 미신과 우상을 섬겨 온 제주에 그리스도 복음을 전한다는 것은 박해를 각오해야 하는 사역이었다.

이기풍 선교사와 그 일행의 복음 전파는 1909년 한적한 모슬포 포구에까지 미쳐 그해 9월 1일 모슬포교회가 창립된다. 제주 남서부 복음 역사의 시작이었다.

'어느 날 장사를 마치고 집에 돌아오는데 아버지께서 길에 떨어진 책 한 권을 줍게 되었다. ……그 책은 야소교에서 사용했던 찬송가였다. 당시 귀신이 보이고 헛소리를 하는 미친병을 앓고 계시던 아버지는 여러 방법으로 치료를 시도해 봤지만 소용이 없었다. ……아버지께선 잊고 있었던 그 책을 찾아 읽어 보시고 교회를 찾아가셨다. 목사님과 교인들이 두어 달 동안 매일같이 기도해 주셔서 병이 낫게 되고……'

모슬포교회 이백년 장로의 구술 자료 한 대목이다. 모슬포교회 초기 교인들은 성령의 은혜로 복음을 접했다.

그러나 교회가 창립되자마자 나라를 잃었고, 일제는 기독교를 탄압하기 시작한다. 여기에 사회주의 사상의 급속한 전파로 기독교에 대한 적대감이 커지면서 그리스도인은 국외자들로 낙인 찍혀 어디에서도 환영받지 못한다.

다시 이 장로의 구술이다.

"어느 날 예배를 드리는 도중 일본 헌병이 들이닥쳐 군화를 신은 채 강단에 올라 목사에게 설교 제목을 내놓으라고 윽박지르며 예배를 중단시켰다. 그리고 일본식 국민의례를 강요했다. 또한 성경과 찬송을 검사한다며 '하나님의 영광' 등의 표현에 대해 먹으로 검게 칠해 볼 수 없게끔 만들었다. …… 당시 이에 항의해 침묵 설교를 했던 조의환 목사는 일본인들에 의해 강제로 모슬포교회를 떠나게 된다. 그때 나는 신사참배를 거부했다가 지서에 끌려가 4일을 지냈다. '내가 죽으면 죽으리라. 이러나 저러나 한 번 죽을 목숨, 하나님 일하다 죽는 게 백 번 천 번 낫다.'"

그런 박해는 조국이 해방됐다고 해서 끝나지 않았다. 좌우의 극한 대립 속에서 제주도민은 소위 4·3 사건으로 기록되는 참화를 겪었다. 제주의 좌익계 민족청년단과 우익계 한국청년단이 이념 분쟁을 하면서 좌익계 사람들이 '산사람'이 되어 공무원, 마을유지, 기독교인 등을 척결 대상으로 삼았다. 그들은 밤이면 죽창을 들고 산에서 내려와 기독교인 등을 찔러 죽이고, 사는 집을 불태웠다.

"그때 허성재 장로님이 공비들에게 피살됐다. 나는 그날 집에 없어서 화를 면할 수 있었다. 한데 그들은 아내를 죽창으로 일곱 번이나 찌르고 달아났다. 불까지 질러 내 아버지가 길에서 주웠던 야소교 찬송가가 불타고 말았다. 끔찍한 기억이다. 기독교인들은 낮에는 지서에서 살고, 밤이면 살기 위해 소 외양간이나 돼지우리, 심지어 초가집 지붕과 천정 사이에 숨어 지내기도 했다."

그 무렵 제주는 서로 죽고 죽이는 대학살로 2만여 명이 죽었고 이도종 목사가 순교하는 등 열일곱 명의 교인이 희생됐다. 모슬포교회는 장로 한 명과 다섯 명의 교인이 희생되는 비극이 벌어졌다. 또 서귀포교회 등 네 곳의 예배당과 목사 사택 두 곳이 소실되기도 했다.

허성재 장로는 당시 믿는 사람이건 불신자건 신망이 대단한 분이었다. 그런데 1948년 11월 16일 좌익들이 우익계였던 그의 아들을 내놓으라며 몰아붙이던 중 한 중학생이 죽창으로 허 장로를 찔러 사망한 것이다.

국군에 의한 희생도 발생했다. 권찰 유유생 씨의 아들 고창선이 5·10 선거 투표 감시 근무 중 국군 오발로 사망했고, 지성익 씨 등 두 명이 은신 중 국군에게 피살됐다. 교인 최순임은 서귀포행 차를 타고 가다 공비 습격에 죽었다.

이 무렵 한국판 쉰들러로 불리는 모슬포교회 조남수 목사의 활약은 예수의 희생정신을 그대로 보여 준 사례가 됐다.

1948년 11월 허 장로가 죽창에 찔려 숨지고, 조 목사 사택도 습격을 당했으나 조 목사와 가족은 구사일생으로 살아남았다. 조 목사는 그날 이후 기도 응답을 받은 끝에 모슬포경찰서로 달려가 경찰응원대장 문형순 씨를 설득했다. 함경도 태생인 문 대장은 중국에서 항일투쟁하다가 해방되어 귀국한 이였다.

"대장님, 노상에 버려진 저 시신들을 보십시오. 밤에는 공비가 죽이고, 낮에는 경찰이 죽입니다. 이대로 가다간 제주도민 다 죽습니다. 근본적인 대책이 필요합니다."

문 대장은 안타까운 눈으로 조 목사를 바라보더니 말했다.

"목사님, 도민들은 우리에게 협조는커녕 상종도 하지 않으려 듭니다. 공비를 토벌하고 노획한 물품을 조사해 보니 쌀, 양말,

돈 등을 안 내준 도민이 없어요. 도민 전부가 빨갱이 아닌가요? 그들을 모조리 죽이지 않고는 나라가 안 됩니다."

"대장님, 진짜 공산주의자들은 죽거나 일본, 북한 등지로 도망가고 없습니다. 어설픈 양민이 공비로 지목돼 산속으로 도망갔을 뿐입니다. 양민은 공비가 침입하면 살기 위해 무조건 내줍니다. 또 밤과 낮에 공비와 경찰이 번갈아 들이닥치니 어느 쪽에도 대놓고 협조를 못합니다."

조 목사는 이날 이후 문 대장의 협조로 공비들에게 자수를 권했다. 사실상 공비라고도 할 수 없는 양민이었다. 조 목사는 도민들에게 강연하며 다음과 같이 말했다.

"저는 목사입니다. 나도 얼마 전 공비의 습격을 받아 구사일생으로 살았습니다. 여기 계신 분 중엔 공비에게 돈, 쌀, 옷을 내준 분들 있을 겁니다. 그 명단이 경찰 손에 있습니다. 제 눈으로 확인했습니다. 그대로 계시면 군경 손에 죽습니다. 제가 군경과 담판을 했습니다. 여러분이 살기 위해 그리했다는 것을 군경이 이제는 압니다. 자수하시면 살 수 있습니다. 자수하셨다가 무슨 변을 당하면 제가 자결하겠습니다. 나를 믿으십시오."

조 목사의 수백 회에 걸친 강연으로 도민 2천여 명이 자수했다. 조 목사는 또 대정교회 유화평 전도사의 친척 한 사람이 공비 혐의로 총살 직전이라는 얘기를 듣고 허욱 경비대장을 만나

담판을 벌였다.

"처형 대상자 20여 명을 제가 책임지고 설득해 개과천선시키겠습니다. 그들 절반은 그냥 강요에 못 이겨 삐라를 나눠 주다 걸린 사람들입니다."

조 목사는 이렇게 얻은 생명을 모슬포교회당으로 데려와 하나님 앞에 무릎 꿇고 감사의 기도를 드리게 했다. 그때 살아나 교인이 된 양남룡 안수집사는 옛 기억을 더듬어 말했다.

"하루는 부친이 들녘에 나갔다가 폭도를 만났어요. 다행히 죽음은 면하고 집으로 돌아가라 했는데 조건이 있었어요. 삐라 한 뭉치를 주면서 돌리라고 했어요. 그게 걸린 겁니다. 아버지는 삐라를 소지한 죄로, 저는 젊은 놈이 가파도로 피난했다 돌아왔다는 이유만으로 경찰에 잡혀 총살 직전에 몰린 거죠. 조 목사님 인솔하에 군부대를 나올 때 우리는 총살장으로 끌려가는 줄 알았습니다. 그런데 모슬포교회당이었어요. 모두들 부둥켜안고 울었어요."

그들은 자신들을 건져 준 조 목사에게 현금을 모아 사례하려 했다. 그러나 조 목사는 일언지하에 거절했다. 나중엔 제발 계란 한 바구니라도 받아 달라고 했으나 "여러분이 나를 대접하고 싶으면 교회에 나오십시오"라는 답만 돌아왔다.

훗날 그들 모두 모슬포교회에 출석했고 1996년 5월 도민들과 뜻을 모아 '조남수 목사의 공덕비'를 모슬포 초입에 세웠다. '위

모슬포교회 역사관

대한 우상'은 그렇게 탄생했다. 4·3 사건 위령비와 함께였다.

2009년 모슬포교회는 100년을 맞았다. 교인들은 역사를 정리하고 역사의 고비마다 하나님의 정의로 행한 기록들을 모아 모슬포교회 역사관을 꾸몄다. 6·25 때 피난 교인들을 거두어 함께 공동체로 살았던 기록도 전시됐다. 또 배우는 것만이 나라를 되찾을 수 있는 길이라고 믿고 세운 학교 광선의숙을 비롯한 교회교육 활동, 자활후견기관 및 지역아동센터 등의 활동도 기록으로 남겼다. 남제주의 모교회로서 수많은 분립교회를 통한 사역 확대 역시 역사관에 올렸다.

갓 쓰고 목사 안수를 받은 이기풍 목사, 흰 두루마기를 입고 옛 선비처럼 사진을 찍은 이경필 목사 등 초기 모슬포교회 사진에서 오늘날 손재운 목사에 이르기까지 많은 목회자 얼굴이 역사관에 걸려 있다. 또 절기 때마다 기념사진을 찍으며 이제는 '오래된 추억'으로 남은 많은 성도가 '100년 교회'라는 면류관을 자랑스러워한다.

한적한 어촌 사람들은 오늘도 피고 지고 피고 지고 하며 이어진다. 그러나 오직 말씀만은 피고 지는 그들에게 대를 이어 계속된다. 그 모교회 모슬포교회는 앞으로도 계속 그 자리에 말씀으로 남을 것이다.

모슬포교회
제주 서귀포시 대정읍 하모이삼로15번길 25 064)794-6286
제주국제공항 정류장에서 755번 버스를 이용해 대정고에 내려 700, 900번 버스로 갈아타고 가서 하모3리 정류장에서 내린다. 1시간 30분 소요.

| 추천 맛집

돈지식당
제주 서귀포시 대정읍 하모항로 60
064)794-8465

"자리물회 맛 좋수다!"

태평양의 푸른 물결이 넘실대는 청정 해역 서귀포시 모슬포항 방어축제의 거리 중간쯤에 조그마한 공덕비가 하나 서 있다. 자리돔과 멸치 잡는 법을 새롭게 개발해 지역 어민들의 수입 증대에 힘쓴 공로로 김묘생(작고) 씨를 위해 마을 주민들이 몇 해 전 팔각정 옆에 세웠다.

이 공덕비 건너편에 김 씨의 아들 김성은 씨와 며느리 오명자 씨가 오순도순 운영하는 자리물회 전문점이 자리하고 있다. 개업한 지 올해로 꼭 20년 된 돈지식당이다. '자리돔'은 제주의 향토 미각을 대표하는 어종으로 검은색을 띠고 붕어만 한 크기의 돔 종류로 4월에서 8월까지 잡힌다. 제주도에서도 이곳 모슬포 앞바다의 마라도 인근 물살 센 곳에서 잡아 올린 것을 최상품으로 친다. 자리돔은 양식이 안 되고 수족관에서도 오래 못 살아 대부분 싱싱한 자연산일 수밖에 없다. 지방, 단백질, 칼슘 등이 풍부한 자리는 물회, 강회(무침), 구이와 젓으로도 담가 먹는다. 그중에서도 자리물회는 제주도 사람들이 즐겨 먹는 여름 별미로, 찬물에 날된장으로 간을 맞춰 오이, 깻잎, 부추, 풋고추 등 싱싱한 푸성귀를 식초에 잠시 담가 두었던 자리와 함께 썰어 넣으면 자리냉국이 완성된다. 특히 돈지식당의 자리물회는 새콤하면서도 담백한데 씹을수록 고소한 자리살의 식감과 생된장의 시원하면서도 구수한 맛이 입 안에서 적당히 어우러지면 그 맛의 오묘함은 기억에 오래 남을 수밖에 없다. 이 식당에서는 자리를 채 썰듯이 얇게 썰어 내 처음 물회를 먹는 사람에게도 부담이 없다. 신선한 푸성귀에 새콤달콤 무쳐 낸 강회도 손님들이 즐겨 찾는다.

자리 자체에서 흘러나온 기름에 굵은 소금을 뿌려 노릇노릇하게 구어진 자리구이 역시 단단한 육질과 고소한 향이 미각을 돋운다. 억센 가시에 찔릴 염려도 있으니 조심해야 한다. 자리물회 철이 끝나는 7-8월이면 한치물회가 뒤를 잇고 10월 이후에는 모슬포의 대표 어종인 방어가 본격적으로 잡힌다. 11월에는 방어축제가 열리고 돈지식당 역시 이 시절에는 다양한 방어요리가 주메뉴로 자리 잡는다. 제주의 대표 어종인 옥돔과 갈치, 고등어 등의 구이, 조림은 기본으로 맛있고 시원하면서도 칼칼한 갈칫국, 성게미역국도 돈지식당의 대표 음식이다.

마늘, 양파, 미역, 감자 등 지역 특산물을 주재료로 상에 올린 계절 밑반찬도 정갈하면서도 신선해 자꾸 젓가락이 가고 차진 흑미밥도 기름기가 돈다.

가격도 제주시나 서귀포시에 비해 저렴하다. 갈치는 제주 앞바다의 수온이 상승하면서 잘 잡히지 않아 '금치'가 되면서 운이 좋아야 적당한 가격에 맛을 볼 수 있단다.

식당까지는 제주공항에서 승용차로 서부산업도로를 이용하면 넉넉잡아 한 시간이면 충분하다.

◦법환교회

◦강병대교회

* 방주교회

* 대정교회

아름다운 교회길

모슬포교회가 있는
밤 풍경.
제주 바다의 바람이
한라산으로 불듯,
백여 년 전
선교 바람이 불어왔다.

아름다운 교회길
Beautiful Churches in Korea

2014. 3. 13. 초판 1쇄 인쇄
2014. 3. 20. 초판 1쇄 발행

글 전정희 **사진** 곽경근
펴낸이 정애주
곽현우 국효숙 김기민 김의연 김준표 김진성
마명진 박상신 박세정 박혜민 송민영 송승호
염보미 오민택 오형탁 윤진숙 임승철 정한나
조주영 차길환 한미영
펴낸곳 주식회사 홍성사
등록번호 제1-449호 1977. 8. 1
주소 (121-897) 서울시 마포구 토정로 21-1
전화 02) 333-5161
팩스 02) 333-5165
홈페이지 www.hsbooks.com
이메일 hsbooks@hsbooks.com
트위터 twitter.com/hongsungsa
페이스북 facebook.com/hongsungsa
양화진책방 02) 333-5163

ⓒ 전정희·곽경근, 2014

• 잘못된 책은 바꿔 드립니다.
• 책값은 뒷표지에 있습니다.

ISBN 978-89-365-1022-0 (03230)